AF649244

Doris Mulia

SCHLANK mit HAFER

Genussvoll und leicht abnehmen mit 50 ballaststoffreichen Rezepten

riva

INHALT

Doris Muliar

SCHLANK mit HAFER

Genussvoll und leicht abnehmen mit 50 ballaststoffreichen Rezepten

Frühstück ... 41

Kleine Gerichte und Suppen ... 67

VORWORT

Hafer ist gesund, das weiß inzwischen (fast) jeder. Davon zeugen die vielen Müslisorten, Müslirezepte und Müslifreunde. Was Hafer so gesund macht und – vor allem – warum Hafer dazu beiträgt, Sie schlank zu machen oder zu erhalten, erfahren Sie im ersten Teil dieses Buches.

Weniger bekannt dürfte sein, dass Hafer im Vergleich zu anderen Getreidesorten einen herausragenden Geschmack hat. Damit eignet sich das Getreide nicht nur für die bekannten Zubereitungen wie Müsli und Porridge. Hafer – in seinen vielfältigen Erscheinungsformen vom Korn zu Flocken, Mehl und Drink – kann auch in der raffinierten Küche überraschen:

Pancakes gefällig? Oder Haferbowl mit Lachs und Gurke? Oder als süßes Hauptgericht, wie Cottage-Auflauf mit Heidelbeeren.

In diesem Buch erfahren Sie, wie der figurfreundliche Hafer Einzug in Ihren Ernährungsalltag halten kann. Die feinen Flocken lassen sich gut in Suppen und Eintöpfen verstecken, Ragout oder Gulasch vertragen ebenfalls ein paar Löffel Haferkleie. Auf Hackfleischzubereitungen ohne den leckeren Hafer werden Sie bald nicht mehr verzichten wollen. Streusel auf Ihrem Kuchen oder crunchy Flocken: Alles mit Hafer! Achten Sie dabei bitte darauf, dass Ihre Haferprodukte aus zuverlässigen Quellen stammen. Am besten also Bio – dann können Sie davon ausgehen, dass keine Rückstände von Pestiziden und Düngemitteln oder andere Verunreinigungen enthalten sind.

Genießen Sie die neue *oat cuisine*, holen Sie sich in diesem Buch Anregungen, wie Haferprodukte in Ihre eigenen Rezepte passen, und freuen Sie sich auf Feines mit Haferflocken.

WISSENSWERTES ZUM SUPERFOOD HAFER

Die Schlankmacher im Hafer

BALLASTSTOFFE – KEIN UNNÖTIGER BALLAST!

Ballaststoffe sind für den menschlichen Darm unverdauliche Kohlenhydrate in pflanzlicher Nahrung. Also die Fasern in Obst, Gemüse und Getreide.

Nach einer Untersuchung im Auftrag des Bundesministeriums für Ernährung[1] nehmen 75 Prozent der Frauen und 68 Prozent der Männer zu wenig Ballaststoffe zu sich. Und die meisten wissen leider auch nicht, wofür Ballaststoffe gut sind, wozu die – etwas unglückliche – Bezeichnung »Ballast« sicher beiträgt.

Ballaststoffe regen die Darmtätigkeit an, sorgen für lang anhaltende Sättigung, ernähren die »guten« Darmbakterien und halten die Darmschleimhaut gesund. Nach dem Motto »Gesunder Darm, gesunder Mensch« also sind Ballaststoffe unverzicht-

1 Deutschland, wie es isst. Der BMEL-Ernährungsreport 2022. Bundesministerium für Ernährung und Landwirtschaft, Berlin, 2022

bar und keineswegs unnützer »Ballast«. Dazu kommt, dass alle Lebensmittel, die Ballaststoffe enthalten, auch jede Menge Vitamine, Mineralstoffe und Enzyme liefern. Und das in so optimaler Zusammensetzung, wie es die Produkte der Pharmaindustrie nie hinbekommen.

Wenn Ihr Darm allerdings nicht an Ballaststoffe gewöhnt ist, sollten Sie es mit dem Verzehr – insbesondere von Haferkleie – langsam angehen und erst allmählich steigern. Der Darm braucht einige Wochen, um sich an die unverdaulichen Faserstoffe anzupassen – und Sie brauchen vermutlich ebenso lang, sich an die notwendige höhere Flüssigkeitszufuhr zu gewöhnen. Denn die Ballaststoffe brauchen, um quellen zu können, viel Flüssigkeit, sonst kann es zu Verstopfungen kommen.

Die erwünschten höheren Ballaststoffwerte allein durch Haferflocken, Haferkleie oder etwa durch angebotene Kapseln zu erreichen, wäre allerdings nicht sehr sinnvoll. Wer einfach eine Kapsel zu sich nimmt, denkt womöglich nicht an die vermehrte Flüssigkeitsaufnahme.

Die Deutsche Gesellschaft für Ernährung (DGE)[2] empfiehlt, die Hälfte der empfohlenen Ballaststoffmenge durch etwa 250 g Obst und 400 g Gemüse täglich zuzuführen, die andere Hälfte durch Vollkornprodukte. Nur so funktioniert auch das Zusammenspiel von Beta-Glucan, Butyrat und anderen Inhaltsstoffen, die wir Ihnen im Folgenden vorstellen, mit Ihrer Darmflora.

BETA-GLUCAN, DER GANZ BESONDERE BALLASTSTOFF

Von allen Lebensmitteln enthalten Hafer und Gerste das meiste Beta-Glucan (4,5 g/100 g), was sie zu ganz besonderen Darmschmeichlern macht. Beta-Glucan nämlich bindet Flüssigkeit, wodurch ein zähflüssiger Schleim entsteht, der die Darmwand regelrecht streichelt und Nahrung für die »guten« Darmbakterien bietet. Obwohl der Ballaststoffgehalt insgesamt in Haferflocken mit ca. 10 g pro 100 g nicht besonders hoch ist, sind sie eben wegen des hohen Beta-Glucan-Gehalts für Ihren Darm ganz besonders wertvoll und gehören eigentlich täglich auf den Tisch. (Weitere Beta-Glucan-Lieferanten sind Algen, japanische Pilze und Hefe.)

Studien[3] haben gezeigt, dass gerade Beta-Glucan in Haferprodukten großen Einfluss auf das »böse« LDL-Cholesterin hat. Es sorgt unter anderem dafür, dass das Cho-

2 Vollwertig essen und trinken nach den 10 Regeln der DGE, Broschüre. Bonn, 2022.

3 Cholesterol-lowering effects of oat ß-glucan: a meta-analysis of randomized controlled trials. Rockville, 2014, American Society of Nutrition.

lesterin in der Leber zur Bildung neuer Gallensäure verwendet wird. Dafür sind, so die Wissenschaftler, circa 3g des Wunderstoffs täglich nötig.

Aber Beta-Glucan kann noch viel mehr: Es gilt als wirksames und nachhaltiges Mittel zur Gewichtsreduktion und reguliert den Blutzuckerspiegel. All das trägt dazu bei, schlank zu werden und – vor allem – schlank zu bleiben!

Mit 20g Haferflocken (ca. 2 gehäufte EL) oder 10g Haferkleie (1 gehäufter EL) haben Sie schon 1g Beta-Glucan zu sich genommen.

BUTYRAT – SUPERFOOD FÜR DEN DARM

Butyrat, ein Salz der Buttersäure, ist ein weiterer Leckerbissen für unsere Darmbakterien. Butyrat entsteht im Dickdarm, wenn die Beta-Glucane im Dickdarm zu kurzkettigen Fettsäuren umgewandelt werden. Es ist bekannt für seine entzündungshemmende Wirkung. Das bedeutet Power für den Darm, stärkt das Immunsystem und hilft der Figur. Denn nur ein gesunder Darm, ein gutes Mikrobiom machen Sie nachhaltig schlank. Neben der Produktion aus den Hafer-Beta-Glucanen entsteht Butyrat hauptsächlich aus stärkehaltigen Lebensmitteln (Kartoffeln, Teigwaren, Reis), die gekocht und 24 Stunden abgekühlt wurden. In dieser Ruhezeit verändert die Stärke ihre chemische Struktur, sie wird für den Menschen unverdaulich, aber Superfood für die Darmbakterien.

REICHLICH PROTEINE

Haferprodukte haben im Vergleich zu anderen Getreidesorten einen ziemlich hohen-Eiweißgehalt von 13,5g pro 100g. Da sich die Eiweißstruktur des Hafers von der anderer Getreide unterscheidet, kommt Hafer auch eher in einer glutenfreien Ernährung infrage. Betroffene finden dazu Informationen beim Facharzt oder im Internet.

Hafer ist ein bedeutender Eiweißlieferant! Insbesondere für Menschen, die auf tierische Produkte verzichten. Protein, also Eiweiß, gilt als *das* Abnehm- und Fitnessfood. Mit mehr Hafer in Ihrer Ernährung kommen Sie spielend auf die empfohlenen 0,8 g pro Kilogramm Körpergewicht. Haferflocken bringen zwar gleichzeitig auch eine ganze Menge Kalorien aus Kohlehydraten mit auf die Waagschale, machen aber aufgrund der langkettigen Kohlenhydrate und vor allem aufgrund der Ballaststoffe trotzdem nicht dick.

MINERALSTOFFE

Viel Magnesium in den Haferprodukten wird nicht nur als Muskelfutter von Sportlern geschätzt. Es fördert die Regeneration, verhindert Muskelkrämpfe und ist gut fürs Herz.

Gut fürs Blut ist das enthaltene Eisen, um unseren Körper mit Sauerstoff zu versorgen. Am besten funktioniert das, wenn gleichzeitig Vitamin C ins Spiel kommt. Die Kombination kommt ganz einfach zustande, wenn Sie Früchte mit Haferflocken (gerne Instant-Flocken) zu sich nehmen – zum Beispiel als Smoothie oder Porridge.

Biotin im Hafer macht schön – besonders Haare und Nägel profitieren von der täglichen Haferration.

Vitamin B1 macht stark und gelassen. Es unterstützt das Nervensystem und stärkt das Immunsystem.

HIGH CARB MIT KOHLENHYDRATEN IM HAFER

In ihrer *Leitlinie Kohlenhydrate kompakt* betont die DGE,[4] wie wichtig Ballaststoffe sind, vor allem diejenigen in Getreidevollkornprodukten. Eine haferreiche Ernährung bietet einen hohen Gehalt an Kohlenhydraten, was zumindest die Anhängerinnen und Anhänger der Low-Carb-Ernährung erschrecken wird: In Hafer stecken 58,7 g Kohlenhydrate pro 100 g (davon sind jedoch nur 0,7 g aus Zucker). Die nachgewiesene gesunde und schlank machende Wirkung der Haferstoffe reicht jedoch als Argument, gerade *diese* Kohlenhydrate in die tägliche Ernährung einzubauen. Denn sie wirken ganz anders auf Ihren Organismus als zum Beispiel Kohlenhydrate aus herkömmlichen Kuchen, aus Pizza und sonstigen Teigwaren. Letztere nämlich fluten den Organismus mit Zucker und haben dadurch auch die Kohlenhydrate insgesamt in Verruf gebracht.

Auch für Liebhaberinnen und Liebhaber der 16:8-Ernährung – des Intervallfastens –, die meistens aufs Frühstück und damit auf Müsli, Porridge und Co. verzichten, gibt es viele Möglichkeiten, täglich Haferflocken in die beiden verbleibenden Mahlzeiten einzubauen. Anregungen dafür finden Sie im Rezeptteil bei den kleinen Gerichten und Hauptmahlzeiten.

DIE WICHTIGSTEN NÄHRSTOFFE

In der folgenden Tabelle finden Sie die wichtigsten Nährwerte von Haferflocken, Haferkleie und Haferdrink – Haferprodukte, die im Allgemeinen am häufigsten verwendet werden. Die Inhaltsstoffe können allerdings je nach Hersteller und Herkunftsgebiet variieren, denn gerade die Menge an Mikronährstoffen und Vitaminen hängt stark vom Boden ab, auf dem der Hafer wächst. Wir haben uns bemüht, einen Querschnitt aller Herstellerangaben zu zeigen.

4 Deutsche Gesellschaft für gesunde Ernährung, Bonn, 2011. Erhältlich bei www.dge-medienservice.de

Nährwerte von Haferprodukten			
	Haferflocken pro 100 g	Haferkleie pro 100 g	Haferdrink pro 100 ml
Kilokalorien (kcal)	363	388	39
Eiweiß (E)	13,5 g	15 g	0,4 g
Fett (F)	7,0 g	8,6 g	1,4 g
Kohlenhydrate (KH)	58,7 g	56,7 g	6,0 g
- davon Zucker	0,7 g	1,3 g	4,5 g
Ballaststoffe (BAL)	10,0 g	12,0-15,0 g	0,6 g
- davon Beta-Glucan	4,5 g	6,2 g	0,27 g
Vitamin B 6 (Pyridoxin)	0,16 mg	0,20 mg	-
Vitamin B 1 (Thiamin)	0,59 mg	0,85 mg	-
Vitamin H oder B 7 (Biotin)	0,21 mg	-	-
Eisen	5,8 mg	4,2 mg	-
Magnesium	130 mg	165 mg	-
Silicium	11 mg	23 mg	-

40 G PRO TAG FÜR STARKE NERVEN, TOLLE HAARE UND HAUT

Für gute Nerven ist das Vitamin B1 zuständig. Mit nur *40g Hafer* decken Sie schon ein Viertel Ihres Tagesbedarfs an Vitamin B1.

Auch der Gehalt an Vitamin B6, gemeinsam mit Vitamin B1 wichtig für die Bildung von Botenstoffen in Ihren Nerven, ist beachtlich. Fast 25 µg Vitamin B6 pro *40g Hafer* bringen Ihren Serotoninspiegel in die Höhe – Sie schlafen besser und sind ausgeglichener.

Zusätzlich sind in *40g Hafer* noch 7,8 µg Biotin enthalten. Biotin stärkt die Nägel, kräftigt das Haar und hält die Haut gesund.

40g Hafer liefern außerdem 2,5 mg Eisen – doppelt so viel wie Fleisch. Das ist besonders für eine fleischlose Ernährung von Bedeutung. Wenn Sie Hafer noch dazu mit Vitamin C (zum Beispiel in Obst) kombinieren, wird das Eisen optimal verwertet.

60 mg Magnesium in *40g Hafer*! Sportler lieben diese Kraftflocken!

Und last but not least finden sich in *40g Hafer* auch 4,5 mg Silicium: Ihre Haare, Haut und Nägel freuen sich, Ihre Knochen ebenfalls. Und Ihr Bindegewebe wird oder bleibt schön straff – Cellulite ade!

40g täglich – ganz schnell

40g Haferflocken oder -schrot 20 Minuten in Wasser einweichen. 1 Banane, 1 Apfel, 20g Trockenobst, 20g Sonnenblumenkerne zusammen mit den Haferflocken zu einem Brei mischen, nach Belieben auch erwärmen.

Ob zum Frühstück oder als kleine Mahlzeit unterwegs – so bekommen Sie alle Vorteile des Hafers: Energie, Ausdauer, gutes Aussehen und eine schlanke Figur.

VOM KORN ZUR FLOCKE

Haferkörner

Haferkörner schmecken auch im Ganzen! Sie können Sie als Beilage so zubereiten, wie Sie es von Reis oder Buchweizen gewohnt sind.

Sie können die Körner auch in einer beschichteten Pfanne kurz rösten, bis sie anfangen zu knistern und zu springen (unbedingt dabeibleiben, sonst hüpfen sie über den Herd!). Die knusprigen Körnchen passen als Topping auf Salate und Müslis.

Haferkörner sollten Sie wegen der längeren Kochzeit am besten vorkochen, denn sie lassen sich prima einfrieren:

ZUTATEN

100 g Bio-Haferkörner
Salz
200 ml Wasser

1. Haferkörner in ein Sieb geben und mit kaltem Wasser abbrausen.
2. Mit etwas Salz in 200 ml Wasser in einen kleinen Topf geben, aufkochen lassen und etwa 30 Minuten zugedeckt bei schwacher Hitze köcheln lassen.
3. Mit einer Gabel auflockern und nachquellen lassen, bis die Kerne abgekühlt sind.

100 g Haferkörner ergeben etwa 250 g gekochte Körner. Um 500 g fertig verwendbare Körner zu erhalten, müssen Sie 200 g rohe Körner kochen.

Die gekochten Körner können Sie statt der üblichen Flocken als Müsli essen oder unter eine Gemüsepfanne rühren und dabei mit anbraten.

Sie können aus Haferkörnern auch eine Art Risotto zaubern, indem Sie klein geschnittenes Gemüse mit ins Kochwasser geben und anschließend geriebenen Parmesan und etwas Butter unterheben.

Hafergrütze

Hafergrütze besteht aus grob zerkleinerten Haferkörnern. Grütze wird, wie Flocken, auch aus allen möglichen anderen Getreiden hergestellt. Es gibt sie in fein, mittel oder grob. Grütze ist ein Vorprodukt für die Flocken, die daraus gewalzt werden. Sie bekommen Hafergrütze meist im Reformhaus.

Die bekannte Rote Grütze wurde früher mit eben diesen zerkleinerten Getreidekörnern hergestellt. Heute ist davon nur noch der Name übrig, denn der Fruchtanteil beträgt in modernen Rezepten fast 100 Prozent, die Bindung erfolgt durch Speisestärke. Ein »originales« Rote-Grütze-Rezept finden Sie auf (Seite 135).

Haferkleie

Haferkleie ist – ebenso wie Leinsamen oder Beerenobst – bestes heimisches Superfood! Und dazu auch noch super preiswert.

Haferkleie wird (wie andere Kleien auch, zum Beispiel Weizen- oder Roggenkleie) nicht aus dem ganzen Korn, sondern aus den äußeren Schichten und aus dem Keimling hergestellt. Und genau dort befinden sich hoch konzentriert die gesunden Inhaltsstoffe: Eiweiß (vor allem die essenziellen Aminosäuren, die der Körper nicht selbst herstellen kann), Ballaststoffe, Mineralstoffe und Vitamine. 100g Haferkleie enthalten 12–15g Ballaststoffe und deutlich mehr des löslichen Ballaststoffs Beta-Glucan (6,2 g/100 g) - der nachgewiesenermaßen das LDL-Cholesterin senkt und sowohl den Blutzucker als auch den Blutdruck reguliert. Die Flocken enthalten hingegen »nur« 4,5 g Ballaststoffe auf 100g. Obendrauf gibt's noch viel Biotin, ein Vitamin, das für gesundes Zellwachstum sorgt.

Super ist Haferkleie auch zum Abnehmen! Die extra komplexen Kohlenhydrate werden extrem langsam verdaut, machen dadurch lange satt und halten den Blutzuckerspiegel niedrig – die besten Voraussetzungen für den Fettabbau.

Haferkleie sieht ein bisschen wie grobes Mehl aus und kann zum Beispiel beim Brotbacken 15-20 Prozent des herkömmlichen Mehls ersetzen.

Für Kleie gilt noch mehr als für andere ballaststoffreiche Lebensmittel: Viel, sehr viel trinken! Denn Kleie vergrößert im Magen ihr Volumen um etwa das 25-Fache. Wenn nicht genug Flüssigkeit dafür da ist, kann sie nicht völlig aufquellen, und das führt zu Verstopfung bis hin zu Darmverschluss.

Haferflocken

Für Haferflocken werden die Kerne nach Größe sortiert und zwischen zwei dicken Walzen platt gewalzt.

Die größere Variante aus ganzen Körnern gibt es unter den Bezeichnungen »Kernige Haferflocken« oder »Großblatt-Haferflocken«. Die feinere Variante aus kleineren Körnern oder geschnittenen Körnern (Grütze) heißt entsprechend »Feine Haferflocken«, »Kleinblatt-Haferflocken« oder »Blütenzarte Haferflocken«. »Zarte Haferflocken« oder »Zartblatt-Haferflocken« wiederum sind geschälte Kleinblatt-Flocken.

Welche dieser Möglichkeiten Sie bevorzugen, ist Geschmackssache. Wer lieber etwas »Biss« im Müsli hat, nimmt gröbere Sorten. Wer es eiliger hat, ist mit den feineren und zarteren Varianten gut bedient. Bei unseren Rezepten verwenden wir mal die eine, mal die andere Sorte. Sie sind aber untereinander austauschbar - Sie brauchen daher nicht Großblatt, Kleinblatt oder Zartblatt gleichzeitig in Ihrem Vorratsschrank zu halten.

Instant-Haferflocken

Instant-Haferflocken – auch Schmelzflocken genannt – sind ziemlich neu auf dem Markt. Es handelt sich um hauchdünn ausgewalzte Flocken, die sich sofort in kalten oder warmen Getränken auflösen. Sie sind ideal für Smoothies und Suppen. So bekommen Sie auch ohne Kochen oder Quellen Ihre gesunden Haferrationen.

Porridge-Hafer

Auch für den immer beliebteren Porridge haben sich die Hersteller etwas ausgedacht: eine Mischung aus ganzen und fein gemahlenen Haferflocken für eine schnellere Zubereitung – die Kochzeit halbiert sich etwa.

Hafermehl

Hafermehl ist immer ein Vollkornmehl, da es entweder aus ganzen Körnern oder aus Haferflocken gemacht wird. Es kann eine gute Alternative zum herkömmlichen Weizenmehl sein. Hafermehl hat deutlich mehr Ballaststoffe und gilt als glutenarm (außerdem stellen einige Mühlen glutenfreies Hafermehl her). Zudem enthält es auch die Mineralstoffe Eisen, Magnesium, Kalzium, Kalium, Zink und Selen. Es unterstützt die Darmflora, macht lange satt, reguliert den Blutzuckerspiegel – kurzum: Es hat all die guten Eigenschaften, die Sie schon von den Haferflocken kennen.

Sie bekommen Hafermehl (oder eine grobe Variante, Haferschrot) in Reformhäusern und Bioläden, können es aber auch in der benötigten Menge jeweils selbst herstellen: Ganze Körner einfach in einen leistungsstarken Standmixer geben und (zugedeckt!) etwa 1 Minute mixen. Eventuell den Vorgang wiederholen, wenn das Mehl noch nicht fein genug ist.

Wenn Sie mit Hafervollkornmehl backen, ist zu beachten, dass weniger oder gar kein »Klebstoff« Gluten enthalten ist. Da schaffen Flohsamenschalen Abhilfe oder Sie nehmen für süße Backwaren einfach ein Ei mehr.

Hafersprossen

Hafersprossen enthalten – wie andere Sprossen auch – eine geballte Ladung an allen gesunden Inhaltsstoffen. Leider ist es nicht leicht, Hafersprossen im Handel zu bekommen. Da hilft nur selbst machen.

Dafür brauchen Sie jedoch den sogenannten Nackthafer, denn der handelsübliche Hafer ist entspelzt (geschält), worunter die Keimfähigkeit leidet. Nackthafer können Sie problemlos im Internet bestellen.

Dann geht es ganz leicht: Geben Sie den Nackthafer in ein Keimgerät oder ein Sprossenglas, und Sie können sich schon nach 2-3 Tagen über gekeimte Haferkörner freuen.

Haferdrink

Der Haferdrink, umgangssprachlich auch Hafermilch genannt, muss aufgrund einer Initiative der europäischen Milchbauern tatsächlich »Drink« heißen, so wie alle anderen Pflanzendrinks auch. Haferdrinks sind derzeit in aller Munde – hauptsächlich gepuscht durch die vegane Ernährungsweise. Wir verwenden Bio-Haferdrink in unseren Rezepten – klar –, weil es sich hier um ein Haferbuch handelt.

Sie können natürlich auch die preiswertere Kuhmilch verwenden, verzichten dann allerdings auf alle guten Inhaltsstoffe des Hafers, die auch im Drink enthalten sind. Außerdem: Der aus Haferflocken hergestellt Drink hat eine wesentlich bessere Umweltbilanz als tierische Milch.

Für die Herstellung werden Haferkerne gemahlen, mit Wasser und Ferment vermischt, sodass die enthaltene Stärke teilweise zu Zucker umwandelt wird. Das gibt dem Drink eine leichte, natürliche Süße. Diese Variante ist als *ungesüßter Haferdrink* im Handel. Varianten mit zugesetzter Süße sollten Sie meiden.

Wie Sie Ihren Haferdrink aus Haferflocken selbst machen können, erfahren Sie auf Seite 25.

HAFER IN DEN ALLTAG BRINGEN

Haferkleie, Leinsamen oder Flohsamenschalen sind regelrechte Ballaststoff-Booster. Sie quellen im Darm auf, da sie Wasser im Darm an sich binden. Damit das passieren kann, müssen Sie unbedingt ausreichend trinken, wenn Sie diese Booster zu sich nehmen. Je nachdem, wie viele Ballaststoffe Sie schon mit Ihrer neuen Ernährungsweise zu sich genommen haben (bei jedem Rezept finden Sie die enthaltenen Ballaststoffe in Gramm), können Sie die fehlende Menge schnell ergänzen. Am besten in Wasser, Joghurt oder – nach Belieben – Pflanzenmilch einrühren und etwas vorquellen lassen. Oft haben wir solche extra Ballaststoffe schon in den Rezepten eingebaut.

Hafer und andere Ballaststoff-Booster für den Alltag

	Ballaststoffe pro 100 g	Besonders zu beachten	Zusätzliche Inhaltsstoffe	Verwendung
Chiasamen	34 g	Anfangs nicht zu viel davon essen. Am besten in Flüssigkeit vorquellen lassen, z. B. in der Milch fürs Müsli. Nicht mehr als 15 g täglich, rät die DGE, während die US-amerikanischen Gesundheitsbehörden auch 48 g zulassen.	Viel Calcium (5-mal so viel wie Milch!) für die Knochen. Reichlich Spurenelemente Zink, Kupfer und Mangan.	Schmecken recht neutral und passen daher geschmacklich überall dazu. Gute Ergänzung zu Haferkleie. Eignen sich außerdem für Pudding und zur Marmeladenherstellung.
Flohsamen-schalen	79 g	Weltmeister beim Quellen! Bis zu 15 g täglich sind sehr gut verträglich, mehr können abführend wirken. Besonders gut für den Darm ist das fein gemahlene Pulver, das jede Menge Schleimstoffe produziert.	An zusätzlichen Nährstoffen haben Flohsamenschalen wenig zu bieten, aber die 79 g Ballaststoffe machen schon genug her.	Neutraler Geschmack. Gut zu verwenden in Overnight Oats und anderen Müslizubereitungen. In Wasser eingeweicht entsteht ein Gel, mit dem man Soßen eindicken und Marmeladen kochen kann. Beim Backen mit Hafermehl ersetzen Flohsamenschalen das fehlende Gluten.
Hafer-flocken	10 g	Ballaststoffe sind nicht alle gleich. Bei Haferflocken steht das Beta-Glucan im Vordergrund, das besonders gut für die Darmschleimhaut ist.	Wichtige Vitamine aus der B-Gruppe und Vitamin K, dazu noch die Mineralstoffe Magnesium, Phosphor, Eisen und Zink machen sie zu richtigen »Gesundflocken«!	Egal ob zart, kernig oder fein (die Handelsbezeichnungen sind unterschiedlich), alle passen sie in Müslis, Smoothies, können in Suppen und Eintöpfen versteckt und – geröstet - auch auf Salate gestreut werden.
Haferkleie	12 g	Das Verhältnis von unlöslichen zu löslichen Ballaststoffen ist bei Haferkleie viel besser als bei anderen Getreidekleien, was das Haferprodukt auch viel bekömmlicher macht.	In den Randschichten des gemahlenen Korns stecken jede Menge Vitamine und Mineralstoffe: B1, B2 und B5, Magnesium, Eisen, Zink, Mangan und Selen.	Soßen, Bratlinge oder Gemüsepuffer lassen sich mit Haferkleie binden. Beim Backen mit Weizenmehl lässt sich 1/3 der Mehlmenge durch Haferkleie ersetzen. Oder einfach mit ein paar Früchten in Joghurt rühren.
Kakao-pulver	33 g	Dunkle Schokolade mit über 70 % Kakaogehalt enthält im Schnitt 11 g Ballaststoffe pro 100 g. Aber darauf achten, dass nicht gleichzeitig viel Zucker enthalten ist!	Wirkt entzündungshemmend und stärkt das Gedächtnis. Calcium und Vitamin D stärken die Knochen.	Feine Ergänzung zu allerlei süßen Haferzubereitungen. Dunkle Schokolade fein geraspelt eignet sich auch als Topping auf Müslis, Smoothies und Obstsalaten – oder einfach nur mal auf der Zunge zergehen lassen und genießen.
Leinsamen	35 g	Ganze Leinsamen nicht mit Milch zusammen verzehren – sie verlieren die Quellfähigkeit. Leinsamen enthalten natürliches Cyanid, 15 g pro Mahlzeit werden vom Bundesinstitut für Risikobewertung aber als unbedenklich eingestuft.	23 % Omega-3-Fettsäuren und 6 % Omega-6-Fettsäuren – ein besseres Verhältnis gibt es nicht! Dazu noch Magnesium und Zink.	Der leicht nussige Geschmack passt gut in Bratlinge. Wer ganze Körner ablehnt, nimmt die geschrotete Variante, die auch besser verwertet werden kann.
Leinsamen-schrot	31 g	Erst zerkleinert kann Leinsamen seine Wirkung voll entfalten. Ganze Samen passieren den Darm und regen »nur« die Verdauung an.	Quillt im Darm auf und sorgt für ein gutes Sättigungsgefühl. Geschrotete Leinsamen waren schon immer ein Hausmittel gegen Verstopfungen.	Idealerweise die Samen erst kurz vor ihrer Verwendung in einem Universalzerkleinerer oder Mörser frisch schroten. Durch den hohen Fettgehalt kann der Schrot schnell ranzig werden.
Mandeln	12 g	Mandeln am besten ungeschält verwenden, denn gerade in der Schale sind viele Antioxidanzien, die vor verfrühter Zellalterung schützen. Leichtes Anrösten verstärkt diese Wirkung noch.	Hochwertiges Protein und mehrfach ungesättigte Fettsäuren, Vitamin E und B2 sowie Magnesium und Mangan.	Eine (kleine) Handvoll zum Naschen. In Joghurt, zu Obst und Gemüse. Wer nicht so viel knabbern will, greift zu dunklem (!) Mandelmus, das es in Bioläden und Reformhäusern gibt.

Zum Umgang mit diesem Buch

Im nun folgenden Teil dieses Buchs finden Sie über 50 ballaststoffreiche Hafer-Rezepte. Achten Sie bitte darauf, für wie viele Portionen die Rezepte jeweils konzipiert sind. Vieles eignet sich gut zum Einfrieren, davon gibt es oft gleich vier Portionen, manches können Sie zum Mitnehmen vorbereiten oder im Kühlschrank aufbewahren. »Meal Prep«, das Vorkochen von Mahlzeiten, spart Zeit und Energie!

Die Backzeiten können je nach Backofenhersteller variieren. Bei der Verwendung von Gasherden informieren Sie sich bitte in der Gebrauchsanleitung.

Da einige grundsätzliche Dinge für alle Rezepte gelten, fassen wir sie hier zusammen:

- Sofern Milch, Joghurt oder Quark verwendet werden, schlagen wir immer die Varianten mit 3,5 % (20 % bei Quark) Fett vor, da den fettreduzierten Varianten gerne zur Geschmacksverbesserung Zucker zugesetzt wird. Wählen Sie bei Milch bevorzugt Frischmilch, denn die homogenisierte Milch hat fast keine Vitamine mehr.
- Die Mengenangaben bei Gemüse und Obst beziehen sich auf ungeputzte Ware.
- Mit Zwiebel ist ein Exemplar von ca. 100 g gemeint. Eine kleine Zwiebel wiegt etwa 80 g, eine große Zwiebel etwa 150 g. 1 Bund Lauchzwiebeln bringt 175 g auf die Waage.
- 1 EL Öl entspricht etwa 15 g, 1 TL ungefähr 5 g. Zum Anbraten verwenden wir sogenanntes Bratöl. Meist ist das eine Mischung aus Sonnenblumen-, Raps- und Distelöl, kann aber auch aus nur einer dieser Pflanzen hergestellt werden. Durch den hohen Ölsäureanteil (»high-oleic«) kann dieses Öl von Natur aus bis zu 210 °C erhitzt werden. Achten Sie dabei bitte auf Bio-Qualität.
- 1 kleine Banane wiegt geschält etwa 85 g.
- 1 Paprikaschote, wovon Sie viel essen dürfen, darf immer groß sein: 250 g (klein: 155 g).

Bei jedem Rezept finden Sie ausführliche Nährwertangaben. kcal steht hierbei für Kalorien, E für Eiweiß, F für Fett, KH für Kohlenhydrate und BAL für Ballaststoffe.

Wichtig zu wissen: Zusätzlich zu den üblichen Nährwertangaben haben wir bei den Nährstoffen auch die Ballaststoffe (BAL) berücksichtigt. Diese sind überwiegend ein Bestandteil der Kohlenhydrate, werden aber in Gegensatz zu Zucker und Stärke in der Verdauung nicht abgebaut und dem Organismus zugeführt. Erschrecken Sie daher nicht, dass mitunter recht beachtliche Werte bei den Kohlenhydraten zusammenkommen.

Bread

BASICS zum SELBERMACHEN

Wenn Sie bereit sind, immer mehr Hafer in Ihre Ernährung einzubauen, finden Sie hier einige Anregungen, was Sie zubereiten und bevorraten können. Selbst gemachter Haferdrink oder selbst vorbereitete Müslimischungen sind beispielsweise sinnvoll, weil sie garantiert keine Zusatzstoffe oder Zucker enthalten, Vollkornbrot mit Hafer ist nicht ohne Weiteres zu bekommen, und die Teige für Quiche oder Pizza können Sie auch portionsweise einfrieren.

Haferdrink

FÜR 5 GLÄSER À CA. 200 ML
PRO PORTION: 72 KCAL / 2,7 G E / 1,4 G F / 11,7 G KH / 1,2 G BAL

ZUTATEN:

100 g feine Bio-Haferflocken
1 l stilles Mineralwasser oder Leitungswasser
1 Prise Salz

1. Die Haferflocken 20 Minuten oder länger in Wasser quellen lassen.
2. Salz dazugeben und im Mixer etwa 3 Minuten pürieren, bis möglichst keine festen Teile mehr zu sehen sind.
3. Drink durch ein feines Sieb oder ein sauberes Baumwolltuch gießen und dabei die verbliebene Masse (Trester) gut ausdrücken.
4. Drink in eine verschließbare Flasche füllen und im Kühlschrank aufbewahren. Hält sich ca. 3 Tage.

Tipps

- Wenn Sie Ihren Haferdrink öfter selbst machen wollen, gibt es dafür sogenannte Nussmilchbeutel (Drogeriemärkte, Bioläden). Die Haferflockenreste lassen sich so besser ausdrücken, und der Drink wird noch ergiebiger.
- Wenn Sie wollen, können Sie zur Abwechslung auch 1 Stück getrocknete Dattel, Aprikose oder 1 EL Rosinen (alles ungeschwefelt!) mitmixen.
- Der Haferflockentrester wäre zu schade zum Wegwerfen, er enthält noch alle guten Inhaltsstoffe – vor allem Ballaststoffe. Sie können den Brei einfach ins Müsli oder auch in gebundene Suppen rühren.

Müslimischung auf Vorrat

FÜR CA. 30 PORTIONEN
PRO PORTION (2 EL): 118 KCAL / 3,6 G E / 6,1 G F /10,6 G KH / 3,2 G BAL

ZUTATEN:

- 200 g ganze ungeschälte Mandeln
- 100 g Honig
- 150 g kernige Bio-Haferflocken
- 100 g Bio-Haferkleie
- 150 g geschroteter Leinsamen
- 100 g Rosinen oder andere Trockenfrüchte nach Belieben

1. Den Backofen auf 150 °C Ober-/Unterhitze (Umluft 130 °C) vorheizen.
2. Die Mandeln grob hacken. Den Honig in einer beschichteten Pfanne mit hohem Rand bei milder Hitze flüssig werden lassen, dann vom Herd nehmen.
3. Alle übrigen Zutaten dazugeben und sorgfältig unterrühren.
4. Ein Backblech mit Backpapier auslegen und die Masse darauf verstreichen. Etwa 30 Minuten im Ofen knusprig rösten, dabei öfter mit einem Kochlöffel durchmischen.
5. Müsli vollständig auskühlen lassen und in sauberen und trockenen Schraub- oder Bügelgläsern aufbewahren.

Tipps

- Nach Belieben können Sie Ihr Müsli auch würzen, zum Beispiel mit 1–2 TL Zimt, 1 TL Vanilleextrakt oder Lebkuchengewürz in der Weihnachtszeit.
- Eine feine Variante bekommen Sie, wenn Sie etwa die Hälfte des Honigs durch 75 g dunkle Schokolade (mindestens 75 % Kakaoanteil) ersetzen. Übrigens: Hafer und dunkle Schokolade sind ein Dreamteam, wenn es ums Abnehmen geht!

Körner-Knäckebrot mit Haferflocken

FÜR 12 STÜCK
PRO STÜCK: 144 KCAL / 5,1G E / 8,8G F / 9,3G KH / 3,9G BAL

ZUTATEN:

- 60 g kernige Bio-Haferflocken
- 60 g Bio-Haferkleie
- 45 g Dinkelvollkornmehl
- 50 g Sonnenblumenkerne
- 50 g Kürbiskerne
- 50 g Leinsamen
- 10 g Flohsamenschalen
- 1 TL Salz
- 2 EL Olivenöl
- 200 ml lauwarmes Wasser

1. Den Backofen auf 180 °C Ober-Unterhitze (Umluft 160 °C) vorheizen.
2. Alle trockenen Zutaten in einer Schüssel vermengen. Mit dem Handrührgerät nach und nach das Wasser und dann das Olivenöl einrühren, sodass ein weicher Teig entsteht.
3. Ein Backblech mit Backpapier auslegen und den Teig darauf gleichmäßig über das gesamte Blech verstreichen. Am besten geht das mit einer Teigkarte. Nach Belieben noch zusätzlich mit Kernen bestreuen und diese etwas festdrücken.
4. 15 Minuten backen, dann herausnehmen und auf dem Blech in 12 Rechtecke schneiden.
5. Weitere 25–30 Minuten backen, bis die Ränder leicht gebräunt sind. Herausnehmen und vollständig abkühlen lassen. In einer gut verschließbaren Box aufbewahren.

Tipps

- Die Teigplatte lässt sich auch nach dem Abkühlen noch schneiden (wird dann aber an den Rändern bröseliger) oder kann mit den Händen in Stücke gebrochen werden.
- Sie können zur Abwechslung auch andere Körner oder Saaten verwenden, wie zum Beispiel Sesamsaat oder auch gehackte Nüsse.

Hafer-Quark-Brot

FÜR CA. 15 SCHEIBEN
PRO SCHEIBE: 124 KCAL / 6,6 G E / 7,64 G F / 6,3 G KH / 2,8 G BAL

ZUTATEN:

- 375 g Quark (20 % Fett)
- 3 Eier, Größe M
- 1 gestr. TL Salz
- ½ Pck. Backpulver
- 1 EL Ahornsirup oder Honig
- 75 g ungeschälte Haselnüsse oder Mandeln
- 75 g Bio-Haferkleie
- 75 g Leinsamen
- 1 EL kernige Bio-Haferflocken

1. Quark, Eier, Salz, Backpulver und Ahornsirup in eine Schüssel geben und mit dem Handrührgerät gleichmäßig verrühren.
2. Die Haselnüsse grob hacken.
3. Haselnüsse, Haferkleie und Leinsamen zum Quark geben und unterrühren. 15 Minuten quellen lassen.
4. Den Backofen auf 190 °C Ober-/Unterhitze (Umluft 170 °C) vorheizen. Eine längliche Backform (ca. 20 cm) mit Backpapier auskleiden, den Teig einfüllen, glatt streichen und mit den Haferflocken bestreuen.
5. 60 Minuten backen, anschließend in der Form ganz auskühlen lassen. Im Kühlschrank aufbewahren oder in Scheiben geschnitten einzeln einfrieren.

Brea

Rosinen-Haferflocken-Brot

FÜR CA. 15 SCHEIBEN
PRO SCHEIBE: 132 KCAL / 5,4 G E / 2,4 G F / 21,2 G KH / 1,8 G BAL

ZUTATEN:

- ½ Würfel Hefe
- 125 ml lauwarmes Wasser
- 200 g Dinkel- oder Roggen-Vollkornmehl (Type 1050)
- 80 g kernige oder feine Bio-Haferflocken (nach Belieben)
- 150 g Quark (20 % Fett)
- 1 TL Salz
- 50 g Rosinen
- 25 g Leinsamen oder Sesamsaat

1. Die Hefe in eine mittelgroße Schüssel bröseln und mit lauwarmem Wasser übergießen.
2. Mehl und Haferflocken in einer geräumigen Schüssel vermischen.
3. Hefemischung umrühren, sodass die Hefe vollständig aufgelöst ist. Dann Quark und Salz einrühren. Diese Flüssigkeit zur Mehl-Haferflocken-Mischung geben und alles mit dem Knethaken des Handrührgeräts gut verkneten.
4. Zum Schluss die Rosinen mit den Händen einkneten. Einen kleinen Laib formen und diesen nach Belieben auf ein Backblech setzen oder in eine längliche Form (ca. 24 cm Länge) geben. Zugedeckt bei Zimmertemperatur 35 Minuten gehen lassen, bis sich das Volumen deutlich vergrößert hat.
5. Den Backofen auf 200 °C Ober-/Unterhitze (Umluft 180 °C) vorheizen. Den Brotlaib mit Wasser bestreichen, mit Leinsamen bestreuen und diese leicht andrücken.
6. 45–50 Minuten backen, bis das Brot goldgelb ist. (Machen Sie nach der Backzeit die Garprobe: Mit einem Holzstäbchen tief in das Brot stechen. Wenn kein Teig mehr haften bleibt, ist das Brot fertig.) Aus dem Ofen nehmen und vollständig auskühlen lassen.

Tipp

Statt eines Brotlaibs können Sie auch 8 kleine Brötchen oder Stangen backen, die Sie gut einfrieren können. Dabei verringert sich die Backzeit auf ca. 25 Minuten.

Hafer-Pancakes

FÜR 4 PORTIONEN
PRO PORTION (3 STÜCK): 182 KCAL / 7,1G E / 4,8G F / 25,3G KH / 4,5G BAL

ZUTATEN:

200 ml ungesüßter Haferdrink
1 Prise Salz
1 Ei, Größe M
150 g Bio-Hafermehl
5 g Flohsamenschalen
100 ml stilles Mineralwasser oder Leitungswasser
3 TL Bratöl

1. Haferdrink, Salz und Ei mit dem Handrührgerät gut verquirlen.
2. Hafermehl und Flohsamenschalen unterrühren und den Teig anschließend 20 Minuten quellen lassen.
3. Nach und nach das Wasser einrühren, bis ein geschmeidiger Teig entstanden ist.
4. In einer großen beschichteten Pfanne (Ø ca. 25 cm) 1 TL Bratöl erhitzen. Mit einer kleinen Schöpfkelle 4 Pancakes hineingeben und diese etwa 2 Minuten backen, bis sich an der Oberfläche kleine Löcher zeigen. Wenden und in 1 Minute goldgelb fertig backen.
5. Den Vorgang noch zweimal wiederholen.

Tipp

- Sie können die Pancakes auch einzeln in einer kleinen Pfanne (Ø ca. 15 cm) backen. Dann ergeben sich aus der Teigmenge 4–6 Stück.
- Für süße Pancakes können Sie als Topping ca. 200 g gemischtes Beerenobst und je 1 EL Joghurt (3,5 % Fett) oder saure Sahne verwenden.
- Für eine salzige Variante eignen sich als Topping zum Beispiel 250 g Champignons und 2 EL fein gehackte Kräuter. Die Champignons putzen, in Scheiben schneiden und mit den Kräutern in 1 EL Bratöl scharf anbraten.

Info

Bio-Bratöle werden aus geschälten Raps- oder Sonnenblumenkernen kalt gepresst. Anschließend werden sie mit Wasserdampf behandelt, wodurch ein mildes, butteriges Aroma entsteht. Diese speziellen Öle sind reich an ungesättigten Fettsäuren und hoch erhitzbar. Sie erhalten sie in Bioläden, Reformhäusern und gut sortierten Supermärkten.

Hafer-Quiche mit Spinat und Ziegenkäse

FÜR 4 PORTIONEN
TEIG PRO PORTION: 240 KCAL / 10,9 G E / 8,6 G F / 27,6 G KH / 4,1 G BAL
PRO PORTION MIT BELAG: 462 KCAL / 19,7 G E / 25,2 G F / 36,2 G KH / 5,6 G BAL

ZUTATEN:

- 75 g Bio-Hafermehl
- 25 g Bio-Haferkleie
- 75 g Dinkelvollkornmehl
- 1 gestr. TL Salz
- 250 g Quark (20 % Fett)
- 2 EL Olivenöl
- 2 Eier, Größe M
- 75 g junger Spinat
- 1 Bund Lauchzwiebeln
- 200 g saure Sahne (10 % Fett)
- 75 g Ziegenfrischkäse
- Pfeffer

1. Hafermehl, Haferkleie, Dinkelvollkornmehl und Salz auf der Arbeitsfläche vermischen und anhäufen. In die Mitte eine Kuhle drücken und 125 g Quark, 1 EL Olivenöl und 1 Ei hineingeben. Von außen her die Zutaten vermischen und schnell zu einem glatten Teig kneten. 15 Minuten im Kühlschrank zugedeckt ruhen lassen.
2. In der Zwischenzeit den Spinat waschen, verlesen und in einem Sieb abtropfen lassen. Die Lauchzwiebeln abziehen und mit viel Grün in Ringe schneiden.
3. Das restliche Öl in einer hohen beschichteten Pfanne mild erhitzen und die Zwiebelringe glasig dünsten. Den nassen Spinat dazugeben und rühren, bis er zusammengefallen ist.
4. Restlichen Quark, das restliche Ei und die saure Sahne verrühren und mit Salz und Pfeffer würzen.
5. Den Teig dünn für eine Quicheform (Ø ca. 28 cm) ausrollen, die Form damit auskleiden und den Teig an den Rändern hochziehen. Teig mit einer Gabel mehrmals einstechen.
6. Das Spinat-Zwiebel-Gemisch auf dem Teig verteilen und das Ganze mit der Quarkmischung begießen. Den Ziegenfrischkäse in Flocken darauf verteilen und die Quiche 30 Minuten im vorgeheizten Backofen backen, bis die Ränder goldgelb sind.

Tipp

Zum Einfrieren können Sie den Teig auf Backpapier ausrollen und zusammen mit dem Papier einrollen. So taut er bei Bedarf recht schnell auf.

Pizza mit Hafermehl

FÜR 4 PORTIONEN
TEIG PRO PORTION: 298 KCAL / 9,4 G E / 11,1 G F / 36,8 G KH / 6,6 G BAL
PRO PORTION MIT BELAG: 491 KCAL / 22,5 G E / 23,6 G F / 43,8 G KH / 6,6 G BAL

ZUTATEN:

Für den Teig:

- 150 ml lauwarmes Wasser
- ½ Würfel Hefe
- 1 TL Flohsamenschalen
- ½ TL Salz
- 1 Prise Zucker
- 1 EL Olivenöl
- 250 g Bio-Hafermehl

Für den Belag:

- 400 ml passierte Tomaten (Fertigprodukt)
- 2 Kugeln Mozzarella
- 1 EL getrockneter Oregano
- Salz, Pfeffer
- einige Blätter frisches Basilikum nach Belieben

1. Wasser in eine Rührschüssel geben, Hefe, Flohsamenschalen, Salz, Zucker und Olivenöl zufügen. Gut verrühren, bis sich die Hefe aufgelöst hat, und das Ganze 10 Minuten gehen lassen.
2. Das Mehl dazugeben und mit dem Knethaken des Handrührgeräts oder in der Küchenmaschine 5 Minuten zu einem glatten Teig kneten.
3. Auf eine bemehlte Arbeitsfläche geben, mit den Händen kurz durchkneten und zu einer Kugel formen.
4. In die Schüssel zurückgeben und zugedeckt 45 Minuten oder länger gehen lassen. (Wenn Sie den Teig schon am Vortag zubereiten, lassen Sie ihn im Kühlschrank langsam gehen – das verbessert seine Qualität.)
5. Den Backofen auf 240 °C Ober-/Unterhitze (Umluft weniger geeignet) vorheizen. Teig auf Backpapier zur gewünschten Form ausrollen. Mit den passierten Tomaten bestreichen.
6. Mozzarella gut abtropfen lassen, in Streifen schneiden und auf der Pizza verteilen. Mit Oregano, Salz und Pfeffer würzen. 12–15 Minuten backen, bis die Ränder goldbraun werden und der Mozzarella geschmolzen ist.

Tipps

- Klar, dass Sie Ihre Pizza mit Ihren Lieblingszutaten belegen können. Auf jeden Fall passen Oliven, Sardellen, Salamischeiben oder geriebener Käse gut darauf.
- Zum Einfrieren können Sie den Teig in 4 Portionen teilen, diese auf Backpapier ausrollen und das Ganze zu Rollen formen. So haben Sie immer Teig für 1 Portion Minipizza im Tiefkühler.

Info

Erwarten Sie bitte nicht, dass die Pizza genauso knusprig wird wie bei Ihrem Lieblingsitaliener. Dort sorgt das superfeine italienische Pizzamehl (Weichweizenmehl »Tipo 00«) für einen extra elastischen Teig. Das bringt Hafermehl leider nicht. Der Teig geht langsamer auf, ist fester und lässt sich schwerer ausrollen. Trotzdem kommt das Ergebnis einer richtigen Pizza sehr nahe, vor allem durch das typische Hefearoma.

FRÜHSTÜCK

Idealerweise nehmen Sie schon zum Frühstück eine gute Portion Ballaststoffe zu sich. Das verhindert Heißhunger bis zum Mittagessen, das dann auch kalorienärmer ausfallen kann. Ihre Darmflora ruft geradezu nach einem solchen Guten-Morgen-Gruß! Dafür ist Hafer in all seinen Formen ganz besonders geeignet, denn er enthält den Ballaststoff Beta-Glucan, der den Blutzuckerspiegel reguliert und früher als andere Ballaststoffe ein Sättigungsgefühl auslöst.

Im Folgenden finden Sie Haferklassiker wie Birchermüsli und Porridge, Zubereitungen mit Obst sowie einige Smoothies als Beispiel dafür, wie Sie Haferflocken in Ihre tägliche Ernährung integrieren können.

Birchermüsli

FÜR 2 PORTIONEN
PRO PORTION: 296 KCAL / 7,8 G E / 14,8 G F / 30,8 G KH / 4,8 G BAL

ZUTATEN:

- 60 g feine oder kernige Bio-Haferflocken
- 250 ml Wasser
- 1 Apfel
- 2 EL Zitronensaft
- 100 ml ungesüßter Haferdrink oder Milch (3,5 % Fett)
- 40 g gemahlene Haselnüsse
- gemahlener Zimt nach Belieben

1. Die Haferflocken in einer Schüssel mit dem Wasser verrühren und über Nacht im Kühlschrank quellen lassen.
2. Den Apfel heiß waschen und mit der Schale zu den Haferflocken reiben. (Alternativ in kleine Würfel schneiden.)
3. Eine halbe kleine Zitrone auspressen und 2 EL Saft – nach Geschmack auch mehr – unterrühren. Anschließend mit Haferdrink und den gemahlenen Haselnüssen vermischen und nach Belieben mit etwas Zimt bestreuen.

Tipp

Zum Grundrezept für das Birchermüsli können Sie nach Belieben auch kleine Mengen Beeren, Trockenobst, Nüsse oder Joghurt geben.

Info

Das Birchermüsli ist sozusagen die Urmutter aller Müslis. Erfunden hat es der Schweizer Arzt Max Bircher-Benner (1867–1939), der als Pionier vegetarischer Vollwerternährung gilt. Er ließ das Müsli zunächst abends in seiner Klinik servieren. Noch heute beziehen sich Kliniken wie auch Heilpraktikerinnen und -praktiker auf seine Lehre. Die »Apfeldiätspeise«, wie Bircher-Benner das Müsli zunächst nannte, kommt mittlerweile in vielerlei Arten auf unsere Frühstückstische – ganz modern auch als »Overnights«.

Overnight Oats mit Beerenobst

FÜR 2 PORTIONEN
PRO PORTION: 301 KCAL / 12,3 G E / 9,4 G F / 37 G KH / 11,0 G BAL

ZUTATEN:

je 100 g Heidelbeeren und Brombeeren (oder anderes Beerenobst)
80 g feine oder kernige Bio-Haferflocken
200 ml ungesüßter Haferdrink oder Milch (3,5 % Fett)
75 g Quark (20 % Fett)
2 EL geschrotete Leinsamen

1. Am Vorabend die Beeren in ein Sieb geben, verlesen, abbrausen und gut abtropfen lassen. 50 g Beeren auf 2 verschließbare Gläser (ca. 300 ml Fassungsvermögen) verteilen und mit einem Löffel zerdrücken.
2. Haferflocken, Haferdrink, Quark und Leinsamen dazugeben und verrühren. Die restlichen Beeren obenauf verteilen.
3. Gut verschließen und bis zum Morgen im Kühlschrank aufbewahren.

Tipps

- Overnights sind ein ideales Frühstück für alle, die es morgens eilig haben und lieber unterwegs frühstücken. Sie können alles abends vorbereiten und brauchen die Gläser nur noch aus dem Kühlschrank zu nehmen.
- Sie können die Haferflocken auch mal mit anderen Beeren oder anderem Obst toppen und nach Belieben noch Nüsse oder Kerne darüber streuen.
- Statt der geschroteten Leinsamen können Sie auch Chiasamen verwenden. Diese quellen eher geleeartig und sind ebenfalls prima Ballaststofflieferanten.

Info

Milch und Milchprodukte enthalten hochwertiges Eiweiß, sind reich an Vitaminen und Mineralstoffen – zum Beispiel Kalzium, Phosphor und Jod. Ziegen- und Schafmilch sind für die Verdauung bekömmlicher als Kuhmilch und enthalten noch mehr Proteine und Linolsäure (super für die Haut!).

Wenn Sie an Laktoseintoleranz leiden oder sich vegan ernähren, nehmen Sie einfach ungesüßten Hafer-, Mandeldrink oder Sojamilch.

Porridge mit Granatapfelkernen

FÜR 2 PORTIONEN
PRO PORTION: 234 KCAL / 7,4 G E / 4,6G F, / 38,3 G KH / 4,8 G BAL

ZUTATEN:

- 70 g feine oder kernige Bio-Haferflocken
- 30 g Bio-Haferkleie
- 200 ml Wasser
- 100 ml ungesüßter Haferdrink
- ½ TL Zimt nach Belieben
- ½ Granatapfel oder ca. 75 g Granatapfelkerne

1. Haferflocken und Haferkleie mit Wasser und Haferdrink in einen kleinen Topf geben, aufkochen lassen und 3–5 Minuten auf kleiner Flamme zur gewünschten Dicke quellen lassen. Öfter umrühren.
2. Zimt unterrühren und den Brei etwas auskühlen lassen.
3. In der Zwischenzeit den halben Granatapfel entkernen. Dazu mit der Schnittfläche nach unten über eine Schüssel halten, mit einem Kochlöffel rundherum erst mit der Breitseite, dann mit der schmalen Seite kräftig auf die Schale klopfen – schon fallen die Kerne heraus. Am Ende nur noch die eventuell mit herausgefallenen Trennhäutchen entfernen.
4. Den Porridge in tiefe Teller füllen und mit den Granatapfelkernen bestreuen.

Tipp

Porridge können Sie im Kühlschrank gut 2–3 Tage aufbewahren und dann auch mit anderen Früchten nach Belieben belegen oder mit gehackten Nüssen bestreuen.

Info

Porridge (engl. Haferbrei) ist schon seit Längerem das neue Müsli. Ursprünglich kommt Porridge aus Schottland, wo er nicht nur zum Frühstück, sondern auch zu den anderen Mahlzeiten mit verschiedenen Beilagen gegessen wurde. Mittlerweile gibt es Porridge-Mischungen aus Haferflocken und -kleie – zum Beispiel als »HotHafer« fertig in Supermärkten und Bioläden.

Birnen-Porridge

FÜR 2 PORTIONEN
PRO PORTION: 386 KCAL, / 13,3 G E, / 8,6 G F / 60,1 G KH / 7,6 G BAL

ZUTATEN:

350 ml ungesüßter Haferdrink oder Milch (3,5 % Fett)
Salz
100 g feine oder kernige Bio-Haferflocken
½ TL gemahlener Zimt
2 kleine Birnen à ca. 150 g
100 g Quark (20 % Fett) oder Naturjoghurt (3,5 % Fett)
etwas Honig nach Belieben

1. Den Haferdrink mit 1 Prise Salz in einen kleinen Topf geben und aufkochen lassen.
2. Haferflocken einrühren und unter Rühren auf kleiner Flamme 3 Minuten köcheln lassen, bis der Brei recht fest ist. Den Zimt einrühren und den Porridge auf 2 kleine Schüsseln verteilen.
3. Die Birnen heiß waschen, vierteln und die Kerngehäuse entfernen. Nach Belieben einen Teil in Spalten schneiden, den Rest klein würfeln.
4. Quark und Birnenwürfel mit dem Porridge vermischen, die restlichen Birnen obenauf geben und nach Belieben mit etwas Honig beträufeln.

Info

Eine Birne enthält ca. 6 g Ballaststoffe – das ist schon ein Fünftel des Tagesbedarfs! Außerdem viele B-Vitamine, die dazu beitragen, Serotonin zu bilden. Und das macht glücklich. Da alle wichtigen Vitamine meist direkt unter der Schale liegen, Birnen besser vor dem Verzehr heiß waschen, anstatt sie zu schälen.

Möhren-Porridge mit Nüssen

FÜR 2 PORTIONEN
PRO PORTION: 380 KCAL / 12,4 G E / 14,0 G F / 47,5 G KH / 6,7 G BAL

ZUTATEN:

- 300 ml ungesüßter Haferdrink
- 60 g kernige Bio-Haferflocken
- 1 Prise Salz
- 30 g Rosinen
- 200 g Möhren
- 200 ml Naturjoghurt oder Sojajoghurt
- 20 g grob gehackte Walnüsse

1. Haferdrink und Haferflocken mit Salz in einen kleinen Topf geben und aufkochen lassen. Vom Herd nehmen, die Hälfte der Rosinen unterrühren und die Mischung mindestens 15 Minuten quellen lassen. (Sie können die Haferflocken auch schon am Vorabend kochen und über Nacht quellen lassen.)
2. Die Möhren schälen, putzen und fein oder grob reiben. Mit dem Joghurt unter die Haferflocken rühren, auf 2 Schüsseln verteilen und mit den restlichen Rosinen und den Walnüssen bestreuen.

Tipp

Äpfel machen sich hervorragend zu Möhren. Ersetzen Sie 100 g Möhren durch 1 eher säuerlichen Apfel, den Sie ebenfalls fein oder grob raspeln.

Müsli mit karamellisierten Bananen

FÜR 2 PORTIONEN
PRO PORTION: 350 KCAL / 6,1G E / 16,0G F / 43,3G KH / 4,4G BAL

ZUTATEN:

40g zarte Bio-Haferflocken
Salz
75ml ungesüßter Haferdrink oder Milch (3,5 % Fett)
20g ungeschälte Mandeln
2 kleine Bananen
20g Butter
1EL Rohrzucker
Zimt nach Belieben

1. Haferflocken mit 1 Prise Salz in Milch einweichen und 30 Minuten quellen lassen.
2. Die Mandeln hacken. Die Bananen schälen und längs halbieren.
3. Butter in einer beschichteten Pfanne bei milder Hitze schmelzen und die Bananen mit der gerundeten Seite nach unten leicht anbraten. Wenden, den Zucker in die Pfanne und über die Bananen streuen und so lange weiter braten, bis der Zucker geschmolzen ist.
4. Haferflocken auf 2 Teller verteilen, Bananen darauf anrichten und mit den gehackten Mandeln und – nach Belieben – mit etwas Zimt bestreuen.

Tipp

Wenn Sie die Haferflocken über Nacht im Kühlschrank quellen lassen, wird der Kontrast zwischen kaltem Müsli und heißen Bananen besonders reizvoll.

Herzhaftes Müsli

FÜR 2 PORTIONEN
PRO PORTION: 306 KCAL / 8,2 G E / 19,6 G F / 20,8 G KH / 6,8 G BAL

ZUTATEN:

- 60 g kernige Bio-Haferflocken
- 20 g geschrotete Leinsamen
- 200 ml Wasser
- Salz
- 2 EL Olivenöl
- 2 EL Apfelessig
- Pfeffer
- 50 g Radieschen
- 30 g Rucola
- 100 g Salatgurke
- 100 g Champignons
- 2 TL Leinsamen zum Bestreuen nach Belieben

1. Haferflocken und Leinsamenschrot mit dem Wasser und 1 Prise Salz in einen kleinen Topf geben, aufkochen und dann zugedeckt ohne Hitzezufuhr 10–15 Minuten quellen lassen.
2. Aus 1 EL Olivenöl, Apfelessig, Salz und Pfeffer in einer Schüssel mit dem Schneebesen eine Marinade rühren.
3. Radieschen waschen, putzen und in Scheiben schneiden. Rucola waschen, verlesen und mit Küchenpapier trocken tupfen. Gurke waschen und in feine Scheiben hobeln. Alles unter die Marinade heben.
4. Champignons mit Küchenpapier säubern und in Scheiben schneiden. Restliches Olivenöl in einer beschichteten Pfanne erhitzen und die Champignons anbraten.
5. Haferflockenmischung mit Salz und Pfeffer abschmecken, auf 2 Schüsseln verteilen und den Salat und die gebratenen Champignons daneben anrichten. Nach Belieben mit Leinsamen bestreut servieren.

Tipp

Da Leinöl mit den vielen Omega-3-Fettsäuren super gesund ist, passt es hier gut und kann statt des Olivenöls für die Marinade verwenden. Zum Anbraten der Champignons eignet es sich jedoch nicht – es darf nicht erhitzt werden.

Geschichtete Erdbeeren auf Hafercookies

FÜR 2 PORTIONEN
PRO PORTION: 331 KCAL / 10,7 G E / 13,8 G F / 39,0 G KH / 4,5 G BAL

ZUTATEN:

- 150 g Erdbeeren (oder anderes Beerenobst nach Wahl)
- 1 EL Zitronensaft
- 100 g Haferkekse (Fertigprodukt oder Hafer-Bananen-Cookies von Seite 140)
- etwas Zimt nach Belieben
- 300 ml griechischer Naturjoghurt (10 % Fett)
- einige Minzeblätter nach Belieben

1. Die Erdbeeren behutsam waschen und entstielen. Die Hälfte der Früchte mit einer Gabel zerdrücken, mit Zitronensaft beträufeln und ziehen lassen. Die restlichen Erdbeeren halbieren oder vierteln.
2. Die Haferkekse zerbröseln, nach Belieben mit Zimt vermischen und auf 2 Gläser verteilen. ⅔ des Joghurts einfüllen, das Erdbeerpüree darüber geben und mit dem restlichen Joghurt bedecken. Mit den übrigen Erdbeeren und – nach Belieben – mit Minzeblättern dekorieren.

Tipp

Wenn etwas übrig bleibt: Einfach mit Haferdrink im Mixer zu einem Smoothie aufschlagen.

Schwarzwälder Smoothie

FÜR 2 PORTIONEN

PRO PORTION: 322 KCAL / 6,9 G E / 16 ,9 G F / 33,9 G KH / 3,7 G BAL

ZUTATEN:

- 15 g frischer Ingwer
- 400 ml ungesüßter Haferdrink oder Milch (3,5 % Fett)
- 1 Prise Salz
- 40 g dunkle Schokolade (85 % Kakaoanteil)
- 1 EL Kakaopulver (Rohkostqualität)
- 30 g Instant-Haferflocken (möglichst Bio)
- 100 g Kirschen (frisch oder aus dem Glas)

1. Ingwer schälen und sehr fein hacken.
2. Haferdrink mit Salz und Ingwer langsam aufkochen und bei milder Hitze 5 Minuten köcheln lassen.
3. Schokolade hacken (eventuell einige Raspeln zur Dekoration beiseite legen) und zusammen mit dem Kakaopulver und den Haferflocken mit dem Schneebesen in den Haferdrink rühren.
4. Die Kirschen waschen, entkernen und dazugeben. Das Ganze mit dem Pürierstab oder im Smoothiemaker fein pürieren. Gleich heiß trinken oder erkalten lassen und im Kühlschrank aufbewahren. Der Smoothie schmeckt auch gekühlt gut.

Info

Ingwer und Hafer bringen morgens Ihren Stoffwechsel auf Touren und helfen so beim Abnehmen. Die dunkle Schokolade sorgt ebenfalls für Sättigung und bringt Gehirn und Kreislauf in Schwung. Bringen Sie öfter mal Hafer und Kakao zusammen – sie sind ein Dreamteam beim Abnehmen. Beim Kakaopulver ist es gut, auf *fairtrade* und *bio* zu achten.

Hafer-Bananen-Smoothie

FÜR 2 PORTIONEN
PRO PORTION: 245 KCAL / 4,6 G E / 4,5 G F / 44,7 G KH / 3,8 G BAL

ZUTATEN:

40 g feine Bio-Haferflocken
400 ml ungesüßter Haferdrink oder Milch (3,5 % Fett)
2 kleine Bananen (à ca. 100 g geschält)

1. Die Haferflocken – nach Belieben – in einer beschichteten Pfanne ohne Fett unter Rühren goldgelb anrösten. Das verbessert das Aroma.
2. Haferflocken in ein hohes Becherglas geben und mit 100 ml Haferdrink verrühren. 10–15 Minuten quellen lassen.
3. Bananen schälen, in Scheiben schneiden und zusammen mit dem restlichen Haferdrink in das Becherglas geben. Alles mit dem Pürierstab fein pürieren und auf 2 Gläser verteilen.

Tipps

- Übrig gebliebenen Smoothie können Sie bis zum nächsten Tag im Kühlschrank aufbewahren. Vor dem Verzehr eventuell mit etwas Haferdrink oder Wasser verdünnen, da die Haferflocken weiterquellen.
- Für mehr Proteine im Smoothie können Sie statt des Haferdrinks zur Abwechslung auch Kefir verwenden. Sie kommen dann auf 10,7 g Proteine.

Salat-Smoothie mit Instant-Haferflocken

FÜR 2 PORTIONEN
PRO PORTION: 279 KCAL / 6,3 G E / 15,9 G F / 24,5 G KH / 6,9 G BAL

ZUTATEN:

- 100 g grüner Spargel
- 75 g grüner Salat
- ½ Salatgurke oder 1 Gartengurke (ca. 300 g)
- ½ Avocado (ca. 100 g)
- Saft von ½ Zitrone
- 400 ml ungesüßter Haferdrink oder Milch (3,5 % Fett)
- 30 g Instant-Haferflocken (möglichst Bio)
- Salz

1. Spargel schälen und eventuell 2 Köpfchen zur Dekoration beiseite legen. Restliche Spargel in 2 cm lange Stücke schneiden. Salat waschen, gut abtropfen lassen und in Streifen schneiden.
2. Gurke waschen und in Scheiben schneiden. Avocado längs halbieren, den Kern entfernen und das Fruchtfleisch aus der Schale heben. Die halbe Zitrone auspressen.
3. Alle Zutaten mit Haferdrink und -flocken in einen Mixer oder Smoothiemaker geben und 1 Minute zu einem cremigen Drink mixen. Mit Salz und – nach Belieben – mehr Zitronensaft abschmecken.

Tipps

- Solch einen »flüssigen Salat« können Sie mit beliebigen anderen Salatzutaten herstellen. Die Smoothies sind super erfrischend und auch kleine Sattmacher zum Lunch.
- Die figurfreundlichen grünen Smoothies gibt es oft auch fertig in den Kühltheken. Aber Achtung: Dieses Grün ist längst nicht so frisch und bekömmlich wie Selbstgemachtes.
- Einen Smoothiemaker bekommen Sie schon für unter 20 Euro, alternativ können Sie Smoothies auch in einem hohen Gefäß mit dem Pürierstab zubereiten.

Rote Bete-Smoothie mit Haferflocken

FÜR 2 PORTIONEN
PRO PORTION: 207 KCAL / 5,7 G E / 9,0 G F / 23,7 G KH / 4,6 G BAL

ZUTATEN:

- 1 kleiner Apfel
- 1 Zweig glatte Petersilie
- 150 g Rote Bete (vorgekocht und eingeschweißt im Supermarkt)
- 30 g Instant-Haferflocken (möglichst Bio)
- 20 g gehackte oder gemahlene Walnüsse
- ½ TL Kümmel
- 200 ml stilles Mineralwasser
- 2 EL saure Sahne

1. Den Apfel waschen, achteln und das Kerngehäuse entfernen. Die Petersilie waschen, trocken schütteln und die Blätter vom Stängel zupfen. Die Rote Bete in Würfel scheiden.
2. Apfel, Rote Bete, Haferflocken, Walnüsse, Kümmel, Wasser und Petersilie (einige Blättchen nach Belieben zur Dekoration aufheben) in den Smoothiemaker geben und etwa 1 Minute fein pürieren.
3. In 2 Gläser füllen, die saure Sahne obenauf setzen und mit den Petersilienblättchen dekoriert servieren.

Tipp

Um gleich morgens Ihrem Stoffwechsel und damit Ihrer Figur Gutes zu tun, können Sie dem Smoothie noch 1–2 EL oder mehr Apfelessig zufügen.

Info

Dass Rote Bete auch als »Schlankknolle« bezeichnet wird, hat Gründe: 42 kcal pro 100 g, viele Vitamine und eine geballte Ladung Mineralstoffe (viel Eisen!) nehmen Sie mit diesem Wundersmoothie zu sich. Das Wichtigste: Die Bildung von Mitochondrien, den Kraftwerken der Zellen, wird angeregt, wodurch Fette schneller verbrannt werden.

Kleine GERICHTE und SUPPEN

Bei Teigzubereitungen wie zum Beispiel für Gemüsepuffer verhelfen Haferflocken oder Haferkleie zu einer festeren Bindung.

Suppen und auch Eintöpfe sind ideal, um ein paar Haferflocken darin zu verstecken. So kommen Sie leicht an die täglich empfohlene Menge an Ballaststoffen, insbesondere Beta-Glucan, und profitieren außerdem von allen anderen gesundheitlichen Vorteilen des Hafers.

Bowls mit ganzen gekochten Haferkörnern werden immer beliebter und sind super einfach in der Zubereitung. Und auch süße Gerichte – jenseits der bekannten Müslimischungen – sind mit Haferflocken schnell zubereitet.

Sauerkrautpuffer mit Pilzen und Haferflocken

FÜR 4 PORTIONEN À 3 STÜCK
PRO PORTION: 370 KCAL / 12,9 G E / 9,7 G F / 53,2 G KH / 9,3 G BAL
PRO STÜCK: 123 KCAL / 4,3 G E / 3,2 G F / 17,7 G KH / 3,1 G BAL

ZUTATEN:

- 300 g Kartoffeln
- 200 g Äpfel
- 100 g Dinkelvollkornmehl
- 100 g kernige Bio-Haferflocken
- 2 Eier, Größe M
- Salz, Pfeffer
- 150 g frische Pilze nach Wahl, z. B. Shiitake
- 250 g Sauerkraut
- 1 EL Rapsöl

1. Den Backofen auf 200 °C Ober-/Unterhitze (Umluft 180 °C) vorheizen.
2. Kartoffeln schälen, waschen und grob raspeln. Äpfel schälen, vierteln, Kerngehäuse entfernen und das Fruchtfleisch ebenfalls grob raspeln. Beides in eine Schüssel geben.
3. Dinkelmehl, Haferflocken, Eier, Salz und Pfeffer dazugeben und alles zu einem gleichmäßigen Teig verrühren.
4. Die Pilze mit Küchenpapier säubern und grob hacken.
5. Das Sauerkraut – wenn nötig – gut abtropfen lassen, mit einer Gabel zerpflücken, zusammen mit den Pilzen zum Teig geben und unterrühren.
6. Ein Backblech mit Öl bepinseln oder mit Backpapier auslegen. Aus dem Teig 12 Puffer von etwa Ø 10 cm formen und auf das Blech legen. 10–12 Minuten im Ofen backen, dann Puffer wenden und weitere 10–12 Minuten goldgelb backen.

Tipps

- Die Puffer können Sie gut mitnehmen, sie schmecken auch kalt.
- Dazu passt – wenn Sie wollen – gesalzener Joghurt oder saure Sahne.

Zucchini-Fritters mit Kräutern

FÜR 4 PORTIONEN (JE 2 STÜCK)
PRO PORTION: 257 KCAL / 12,3 G E / 10,8 G F / 24,7 G KH / 5,8 G BAL

ZUTATEN:

- 500 g Zucchini
- 1 Bund Lauchzwiebeln
- 2 Knoblauchzehen
- 4 Stängel glatte Petersilie
- 1 EL Bratöl
- je ½ TL gem. Kreuzkümmel und Kurkuma
- 100 g Bio-Haferkleie
- 2 Eier, Größe M
- Salz, Pfeffer
- 150 g Naturjoghurt (3,5 % Fett)
- 30 g gehackte frische Kräuter nach Belieben

1. Den Backofen auf 190 °C Ober-/Unterhitze (Umluft 170 °C) vorheizen.
2. Die Zucchini waschen, putzen und auf der groben Seite einer Küchenreibe raspeln. In eine Schüssel geben.
3. Die Lauchzwiebeln putzen, abziehen und mit viel dunklem Grün klein hacken. Die Knoblauchzehen schälen und durch eine Knoblauchpresse drücken. Die Petersilie waschen, mit Küchenpapier trocken tupfen, die Blätter von den Stängeln zupfen und hacken.
4. Öl in einer beschichteten Pfanne mild erhitzen und Zwiebeln, Knoblauch und Petersilie andünsten.
5. Die Zucchiniraspeln gut ausdrücken (das ist wichtig, damit der Teig für die Fritters Festigkeit bekommt) und mit Kreuzkümmel, Kurkuma, Haferkleie, Eiern, Salz und Pfeffer und dem Pfanneninhalt gut vermischen.
6. Ein Backblech mit Backpapier auslegen, mit feuchten Händen aus dem Zucchiniteig 8 flache Küchlein formen und auf das Blech legen. Im Backofen 10 Minuten backen, dann wenden und in weiteren 10 Minuten goldgelb fertig backen.
7. Joghurt in einer Schüssel mit etwas Salz und den Kräutern verrühren. Die Fritters auf 4 Teller verteilen und jeweils einen Klecks Kräuterjoghurt daraufsetzen.

Tipp

Machen Sie – auch wenn Sie nicht zu viert essen – trotzdem gleich die 8 Fritters. Sie schmecken auch kalt, zum Beispiel auf einem Salat. Sie eignen sich auch gut zum Mitnehmen fürs Büro oder für ein Picknick.

Hafer-Polenta-Quiche

FÜR 4 PORTIONEN
PRO PORTION: 349 KCAL / 18,0 G E / 17,6 G F / 28,0 G KH / 3,5 G BAL

ZUTATEN:

- 50 g Rucola
- 50 g junger Spinat
- 75 g Maisgrieß (Polenta)
- 75 g Hafermehl
- 1 gestr. TL Salz
- 4 Eier, Größe M
- 75 ml ungesüßter Haferdrink
- 1 Kugel Büffelmozzarella
- 1 kleine rote Zwiebel
- 1 EL Olivenöl

1. Rucola und Spinat in ein Sieb geben, waschen, verlesen und gut abtropfen lassen.
2. Aus Maisgrieß, Hafermehl, Salz, Eiern und Haferdrink in einer Schüssel mit dem Handrührgerät oder Schneebesen einen glatten Teig rühren und diesen ca. 10 Minuten quellen lassen.
3. In der Zwischenzeit den Backofen auf 180 °C Ober-/Unterhitze (Umluft 160 °C) vorheizen.
4. Mozzarella abtropfen lassen und in etwa 1 cm große Würfel schneiden. Die Zwiebel abziehen und längs oder quer halbieren und in feine Spalten oder Ringe schneiden.
5. Mozzarella, Zwiebel, Rucola und Spinat zum Teig geben und alles gut miteinander vermischen.
6. Eine Quicheform mit Öl einfetten (wenn Sie eine Silikonform verwenden, können Sie auf das Öl verzichten), den Teig einfüllen und im Backofen auf der mittleren Schiene 25–30 Minuten backen, bis die Quiche an den Rändern goldbraun ist.

Tipp

Diese einfache Quiche ist super schnell gemacht. Statt Teig und Belag gesondert vorzubereiten, wird einfach alles in einer Schüssel miteinander verrührt. Wenn Sie anderes Gemüse verwenden wollen, sollte dies allerdings eher blättrig oder weich sein, damit es in der Backzeit auch gar wird, zum Beispiel Zucchini in dünnen Scheiben, geviertelte Cocktailtomaten oder fein geschnittener Chinakohl.

Spargelsuppe mit Haferkleie

FÜR 4 PORTIONEN
PRO PORTION: 161 KCAL / 5,8 G E / 6,4 G F / 17,9 G KH / 4,5 G BAL

ZUTATEN:

- 500 g grüner Spargel
- 1 kleine Zwiebel
- 1 EL Bratöl
- 75 g Bio-Haferkleie
- 500 ml Wasser oder Gemüsebrühe
- 250 ml ungesüßter Haferdrink
- etwas Zitronensaft
- Salz, Pfeffer

1. Den Spargel waschen, das untere Drittel mit einem Sparschäler schälen und holzige Enden entfernen. Spargelköpfchen abschneiden und beiseite legen. Den restlichen Spargel in etwa 1,5 cm lange Stücke schneiden.
2. Zwiebel schälen und klein würfeln. Öl in einem beschichteten Topf erhitzen und die Zwiebelwürfel unter Rühren goldgelb anbraten. Die Haferkleie unterrühren und kurz mitbraten.
3. Mit Wasser aufgießen, Spargelstücke dazugeben und in 15 Minuten weich kochen.
4. Die Suppe mit dem Stabmixer fein pürieren und den Haferdrink einrühren. Die Spargelköpfchen dazugeben und in 3 Minuten bissfest kochen.
5. Suppe mit Zitronensaft, Salz und Pfeffer abschmecken und auf 4 Teller verteilen.

Tipps

- Die Suppe eignet sich gut zum Mitnehmen, Sie können sie auch als erfrischende Kaltschale genießen. Wenn etwas übrig bleibt, können Sie die Reste bis zu 2 Tage im Kühlschrank aufbewahren oder auch einfrieren.
- Auf dieselbe Art können Sie vielerlei grüne Suppen herstellen. Gut geeignet sind Erbsen (auch TK), Brokkoli und grüne Blattgemüse wie Spinat und Pak Choi.

Paprika-Tomaten-Suppe mit Haferflocken

FÜR 4 PORTIONEN
PRO PORTION: 146 KCAL / 4,6 G E / 4,8 G F / 17,9 G KH / 6,2 G BAL

ZUTATEN:

- 1 Bund Lauchzwiebeln
- 2-3 Knoblauchzehen
- 1 große rote Paprikaschote (ca. 250 g)
- 1 kleine grüne Paprikaschote (ca. 150 g)
- 150 g Zucchini
- 500 g reife Tomaten
- 1 kleine Peperonischote nach Belieben
- 1 EL Olivenöl
- 20 g feine Bio-Haferflocken
- 500 ml Gemüsebrühe
- Salz, Pfeffer
- 1-2 EL Balsamico-Essig
- einige frische Basilikumblätter

1. Lauchzwiebeln waschen, putzen und in Ringe schneiden. Etwas vom dunklen Grün beiseite legen. Knoblauch schälen und in feine Scheiben schneiden.
2. Paprikaschoten und Zucchini waschen, putzen und würfeln. Tomaten waschen, halbieren und die Stielansätze und Kerne entfernen. Fruchtfleisch in Würfel schneiden.
3. Wenn Sie gerne scharf essen: Peperonischote waschen, putzen, längs halbieren, Kerne und Trennhäutchen entfernen und das Fruchtfleisch klein würfeln.
4. Gemüsewürfel (ohne Peperoni) in einer Schüssel vermischen und 4 EL davon als Topping beiseite legen.
5. Olivenöl in einem beschichteten Topf mild erhitzen und Lauchzwiebeln, Knoblauch und eventuell Peperoni etwas anbraten. Haferflocken unterrühren und kurz mitrösten.
6. Mit Gemüsebrühe aufgießen, das vorbereitete Gemüse dazugeben und in etwa 15 Minuten weich kochen. Dann mit dem Stabmixer nach Belieben gröber oder feiner pürieren.
7. Suppe mit Salz, Pfeffer und Balsamico abschmecken, auf 4 Teller verteilen und die Gemüsewürfel in die Mitte setzen. Mit dem restlichen Lauchzwiebelgrün und mit Basilikumblättern garniert servieren.

Tipp

An heißen Sommertagen können Sie die Suppe auch eisgekühlt genießen. Dafür sollte sie nach dem Abkühlen mindestens 3 Stunden – besser noch über Nacht – in den Kühlschrank.

Brokkolisuppe mit Pinienkernen und Haferkleie

FÜR 4 PORTIONEN
PRO PORTION: 249 KCAL / 14,9 G E / 13,1 G F / 14,5 G KH / 6,6 G BAL

ZUTATEN:

- 3 Schalotten
- 500 g Brokkoli
- 1 EL Bratöl
- 60 g Bio-Haferkleie
- 800 ml Gemüsebrühe
- 40 g Pinienkerne
- 50 g Parmesan
- Salz, Pfeffer
- frisch geriebene Muskatnuss
- etwas Zitronensaft

1. Die Schalotten abziehen und hacken. Brokkoli waschen, die Röschen abschneiden, den Stängel putzen, schälen und würfeln.
2. Öl in einem beschichteten Topf erhitzen und Schalotten darin goldgelb braten. Die Haferkleie dazurühren und kurz anrösten. Gemüsebrühe angießen, Brokkoli dazugeben und alles aufkochen lassen. Dann bei kleiner Hitze in 20 Minuten gar köcheln lassen.
3. In der Zwischenzeit die Pinienkerne in einer beschichteten Pfanne ohne zusätzliches Fett goldgelb rösten. Den Parmesan mit einem scharfen Messer in feine Scheiben hobeln oder nach Belieben auf einer Reibe fein raspeln.
4. Nach Belieben einige Brokkoliröschen zum Garnieren aus dem Topf fischen und beiseite legen.
5. Brokkolisuppe mit dem Stabmixer fein pürieren und mit Salz, Pfeffer, Muskatnuss und Zitronensaft abschmecken. Auf 4 Teller verteilen, mit Pinienkernen und Parmesan bestreuen und die übrigen Brokkoliröschen obenauf geben.

Tipp

Diese Suppe schmeckt auch mit Blumenkohl fein. Als besondere Überraschung können Sie mal lila Blumenkohl verwenden, der immer häufiger – auch in Supermärkten – angeboten wird. Dann aber 2 EL Essig vor dem Kochen dazugeben, sonst verliert er seine originelle Farbe. Diese kommt übrigens – ganz natürlich – von den Anthocyanen, einem Pflanzenfarbstoff, der auch im Rotkohl oder dunklen Beeren enthalten ist. Was den Pflanzen als Sonnenschutz dient, gibt uns antioxidative Kräfte, hemmt Entzündungen und stärkt das Herz-Kreislauf-System.

Kürbissuppe mit Kidneybohnen und Haferkleie

FÜR 4 PORTIONEN
PRO PORTION: 233 KCAL / 8,5 G E / 2,4 G F/ 41,3 G KH / 6,3 G BAL

ZUTATEN:

- 1 rote Zwiebel
- 700 g Hokkaido-Kürbis
- ½ TL gemahlener Zimt
- 40 g Haferkleie
- 600 ml Gemüsebrühe
- 250 g Fleischtomaten
- 1 kleine Dose Kidney- oder schwarze Bohnen (ca. 200 g Abtropfgewicht)
- 2 Stängel Dill
- Salz, Pfeffer

1. Die Zwiebel abziehen und in Ringe schneiden. Die Kürbisschale mit einem feuchten Tuch säubern, die Kerne entfernen und das Fruchtfleisch in etwa 2 cm große Würfel schneiden.
2. Zwiebel und Kürbis mit Zimt, Haferkleie und Gemüsebrühe in einen Topf geben und 10 Minuten bissfest kochen.
3. In der Zwischenzeit die Tomaten waschen, vierteln, Stielansätze und Kerne entfernen und das Fruchtfleisch würfeln. Die Bohnen in ein Sieb geben, abbrausen und abtropfen lassen. Den Dill waschen, trocken schütteln, die Blätter von den Stängeln zupfen und fein hacken.
4. Tomaten und Kidneybohnen zum Kürbis geben und alles zusammen 6 Minuten bei milder Hitze erwärmen.
5. Mit Salz und Pfeffer abschmecken, auf 4 Teller verteilen und mit Dill bestreut servieren.

Tipps

- Pikant dazu sind Fenchelsamen mit ihrem würzigen Aroma, die gut gegen Entzündungen wirken. 1 TL davon im Mörser oder auf der Arbeitsfläche zerdrücken und zugleich mit den Kidneybohnen in den Topf geben.
- Sie können die Suppe auch gerne grob pürieren, dann eignet sie sich besonders gut zum Einfrieren.

Asia-Rosenkohlsuppe mit Kokosmilch

FÜR 4 PORTIONEN
PRO PORTION: 318 KCAL / 9,9 G E / 17,6 G F / 24,4 G KH / 11,1 G BAL

ZUTATEN:

- 500 g Rosenkohl
- 1 Bund Lauchzwiebeln
- 1 rote Spitzpaprikaschote
- 1 rote Peperonischote nach Belieben
- 150 g Möhren
- 25 g frischer Ingwer
- 1 EL Bratöl
- 750 ml Hühner- oder Gemüsebrühe (Fertigprodukt)
- 1 kleine Dose Kokosmilch (à 200 g)
- 30 g Instant- oder zarte Bio-Haferflocken
- ½ Limette oder Zitrone
- Salz, Pfeffer

1. Den Rosenkohl waschen, putzen und die Röschen halbieren. Die Lauchzwiebeln abziehen und mit viel Grün in Ringe schneiden. Die Paprikaschote und eventuell die Peperonischote waschen, putzen und würfeln. Die Möhren schälen, waschen, längs halbieren und in Scheiben schneiden. Den Ingwer schälen und in kleine Würfel schneiden.
2. Das Öl in einem beschichteten Topf mild erhitzen und Lauchzwiebeln und Ingwer andünsten. Paprikawürfel (und eventuell Peperoniwürfel) dazugeben und 5 Minuten mitdünsten.
3. Möhren und Rosenkohl einrühren und mit Brühe aufgießen. Das Ganze ca. 20 Minuten bei mittlerer Hitze kochen, bis das Gemüse weich ist.
4. Die Kokosmilch und Haferflocken einrühren, die Suppe mit Limettensaft, Salz und Pfeffer würzen und noch einmal kurz aufkochen lassen.

Tipps

- Wenn noch Zitronengras ins Spiel kommt, wird die Suppe richtig asiatisch. 1 Stängel längs aufschlitzen, die harten Blätter entfernen und das weiche, weiße Innere in Scheiben schneiden und in Schritt 3 dazugeben.
- Gut passt Fisch in diese Suppe, zum Beispiel Kabeljau oder Seebarsch. Fisch in mundgerechte Würfel schneiden und 5 Minuten vor Ende der Kochzeit in der Suppe ziehen lassen.

Möhrensuppe mit Bohnen und Hafergrütze

FÜR 4 PORTIONEN
PRO PORTION: 238 KCAL / 4,0 G E / 4,8 G F / 41,1 G KH / 7,0 G BAL

ZUTATEN:

400 g Möhren
400 g Staudensellerie
1 kleine Zwiebel
1-2 Knoblauchzehen
1 EL Olivenöl
2 EL Tomatenmark
40 g Bio-Hafergrütze (oder kernige Bio-Haferflocken)
700 ml Gemüsebrühe
1 gestr. EL Paprikapulver edelsüß oder rosenscharf – je nach Geschmack
1 Dose weiße Bohnen (ca. 400 g Einwaage)
2 Stängel krause Petersilie nach Belieben
Salz, Pfeffer

1. Möhren und Staudensellerie schälen, putzen und in Scheiben schneiden. Die Zwiebel abziehen und klein hacken. Knoblauchzehen schälen und in feine Scheiben schneiden.
2. Olivenöl in einem geräumigen Topf mild erhitzen und Zwiebel und Knoblauch unter Rühren goldgelb andünsten. Tomatenmark und Hafergrütze einrühren und kurz mit anbraten.
3. Möhren und Staudensellerie dazugeben, die Brühe angießen und das Paprikapulver einstreuen. 20 Minuten bei milder Hitze köcheln lassen, bis das Gemüse weich, aber noch bissfest ist.
4. Die Bohnen etwas abgießen, zur Suppe geben und 5 Minuten köcheln, bis sie heiß sind.
5. In der Zwischenzeit – wenn vorhanden – die Petersilienblätter von den Stängeln zupfen und hacken.
6. Die Suppe mit Salz und Pfeffer abschmecken und mit der Petersilie bestreuen.

Tipps

- Die Petersilie können Sie auch gut durch das klein gehackte zarte Grün der inneren Selleriestängel ersetzen.
- Die Suppe eignet sich gut zum Einfrieren oder Mitnehmen.

Haferbowl mit Avocado und Ei

FÜR 2 PORTIONEN
PRO PORTION: 552 KCAL / 19,0 G E / 30,8 G F / 45,5 G KH / 8,3 G BAL

ZUTATEN:

150 g Bio-Haferkörner (ca. 375 g vorgekochte Körner, siehe Seite 15)
Salz
1 kleine reife Avocado
2 hart gekochte Eier
100 g Salatgurke
20 g grüner Salat, z. B. Feldsalat, Endivien oder Lollo Bianco
2 EL Apfelessig
1 EL Olivenöl
Pfeffer
½ TL Sesamsaat

1. Den Hafer in ein Sieb geben und kalt abbrausen. In 300 ml Salzwasser zum Kochen bringen und auf kleinster Flamme 30 Minuten zugedeckt köcheln lassen. Abschließend 15 Minuten offen ausdampfen und weiter quellen lassen.
2. Die Avocado längs halbieren, den Kern entfernen und das Fruchtfleisch mit einem Esslöffel herausheben. Die Eier schälen und halbieren. Das Stück Salatgurke waschen und in Scheiben schneiden. Den grünen Salat waschen und abtropfen lassen.
3. Aus Apfelessig, Olivenöl, Salz und Pfeffer mit dem Schneebesen eine Marinade rühren.
4. Gekochten Hafer in einen Suppenteller geben und die vorbereiteten Zutaten darauf verteilen. Mit der Marinade beträufeln und mit Sesamsaat bestreuen.

Haferbowl mit Lachs und Gurke

FÜR 2 PORTIONEN
PRO PORTION: 445 KCAL / 16,8 G E / 26,5 G F / 31,4 G KH / 7,1 G BAL

ZUTATEN:

100 g Bio-Haferkörner (250 g vorgekochte Körner, siehe Seite 15)
Salz
100 g Salatgurke
30 g Rucola
Saft von ½ Zitrone
1 EL Olivenöl
Pfeffer
80 g geräucherter Bio-Lachs
150 g Guacamole (Fertigprodukt)
40 g entsteinte grüne Oliven
½ TL Sesamsaat

1. Den Hafer in ein Sieb geben und kalt abbrausen. In 200 ml Salzwasser zum Kochen bringen und auf kleinster Flamme 30 Minuten zugedeckt köcheln lassen. Abschließend 15 Minuten offen ausdampfen und weiter quellen lassen.
2. Das Stück Gurke waschen und auf einem Hobel längs in sehr dünne Scheiben schneiden. Rucola waschen, verlesen und gut abtropfen lassen.
3. Aus Zitronensaft, Olivenöl, Salz und Pfeffer mit dem Schneebesen eine Marinade rühren.
4. Die vorbereiteten Zutaten in einer flachen Schüssel anrichten, Lachs, Guacamole und Oliven dazugeben, mit der Marinade beträufeln und mit Sesamsaat bestreuen.

Apfel-Müsli-Auflauf

FÜR 6 PORTIONEN

PRO PORTION: 311 KCAL / 11,2G E / 10,7G F / 40,2G KH / 5,1G BAL

ZUTATEN:

- 100 g Dinkelvollkornmehl
- 200 g Müslimischung (Rezept Seite 26), ersatzweise 100 g kernige Bio-Haferflocken, 50 g Rosinen oder Cranberrys und 50 g gehackte Walnüsse
- 150 g Quark (20 % Fett)
- 130 g lauwarmes Wasser
- 1 TL Backpulver
- 1 TL Salz
- 500 g Äpfel
- etwas Fett für die Form

1. Den Backofen auf 180 °C Ober-/Unterhitze (Umluft 160 °C) vorheizen.
2. Alle Zutaten außer den Äpfeln in einer großen Schüssel mit dem Handrührgerät vermischen.
3. Die Äpfel nach Belieben schälen oder waschen. Vierteln, die Kerngehäuse entfernen und das Fruchtfleisch in dünne Spalten schneiden.
4. Äpfel unter den Teig heben. Eine Form (ca. 20 × 20 cm) dünn einfetten, den Teig hineingeben und im vorgeheizten Backofen 35–40 Minuten auf der mittleren Schiene backen, bis der Auflauf goldgelb ist. Noch heiß, lauwarm oder abgekühlt servieren.

Cottage-Auflauf mit Heidelbeeren

FÜR 4 PORTIONEN
PRO PORTION: 256 KCAL / 23,0 G E / 11,8 G F / 13,3 G KH / 3,7 G BAL

ZUTATEN:

200 g Heidelbeeren oder anderes Beerenobst
300 g Hüttenkäse
250 g Quark (20 % Fett)
40 g Bio-Haferkleie
3 Eier, Größe M
Salz
etwas Fett für die Form

1. Den Backofen auf 180 °C Ober-/Unterhitze (Umluft 160 °C) vorheizen. Heidelbeeren waschen, verlesen und gut abtropfen lassen.
2. Hüttenkäse, Quark, Haferkleie, Eier und 1 Prise Salz in einer Schüssel verrühren.
3. Eine Springform (Ø ca. 24 cm) dünn einfetten und die Masse darin verstreichen. Die Heidelbeeren darauf verteilen und leicht in den Teig drücken.
4. 25–30 Minuten backen, bis die Masse fest und goldgelb ist. Etwas abkühlen lassen, aus der Form nehmen und auf Teller verteilen.

Tipps

- Der eiweißreiche Auflauf schmeckt auch kalt sehr gut.
- Sie können statt Beerenobst je nach Saison und Gusto auch anderes Obst, zum Beispiel Granatapfelkerne oder Orangenspalten verwenden.

Haferreis

FÜR 2 PORTIONEN
PRO PORTION: 428 KCAL / 11,1G E / 7,4G F / 76,3G KH / 5,6G BAL

ZUTATEN:

100 g Bio-Haferkörner
300 ml ungesüßter Haferdrink
Salz
50 g kernige Bio-Haferflocken
30 g Rosinen oder Cranberrys
2 EL Ahornsirup oder Honig

1. Den Hafer in ein Sieb geben, kalt abbrausen und abtropfen lassen.
2. Haferdrink mit 1 Prise Salz in einem kleinen Topf aufkochen lassen, den Hafer einrühren und auf kleinster Flamme zugedeckt 20 Minuten köcheln lassen. Öfter umrühren.
3. Haferflocken und Rosinen einrühren und bei ausgeschalteter Herdplatte 10 Minuten quellen lassen.
4. Auf 2 tiefe Teller verteilen und mit Sirup oder Honig beträufeln.

Tipp

Ob mit Zimt, Nüssen, etwas zerlassener Butter oder klein geschnittenem Obst – Milchreis bringt uns gleich den Geschmack der Kindheit zurück. Jetzt, in der Hafervariante, kommt auch noch der Schlank-Kick dazu. Gut zum Mitnehmen geeignet!

Gebackene Haferflocken mit Kirschen

FÜR 4 PORTIONEN
PRO PORTION: 401 KCAL / 13,5 G E / 13,8 G F / 52,3 G KH / 6,6 G BAL

ZUTATEN:

200 g kernige Bio-Haferflocken
1 Prise Salz
250 ml ungesüßter Haferdrink
1 Pck. Vanillezucker
50 g Wal- oder Haselnüsse nach Belieben
400 g Kirschen oder anderes Obst
100 g Hüttenkäse
etwas Fett für die Form

1. Den Backofen auf 180 °C Ober-/Unterhitze (Umluft 160 °C) vorheizen.
2. Haferflocken mit Salz, Haferdrink und Vanillezucker in eine Schüssel geben, verrühren und 10–15 Minuten quellen lassen.
3. Walnüsse hacken. Kirschen waschen, entsteinen und halbieren. Nüsse und die Hälfte der Kirschen unter die Haferflocken rühren.
4. Eine Auflaufform (ca. 20 × 25 cm) dünn einfetten, die Masse einfüllen und 25 Minuten goldbraun backen.
5. Auflauf mit den restlichen Kirschen und dem Hüttenkäse bestreuen und heiß, lauwarm oder erkaltet servieren.

HAUPT-GERICHTE

Eintöpfe und alle Gerichte, bei denen Soße eine Rolle spielt, sind hervorragend dafür geeignet, auch etwas Hafer aufzunehmen. Dabei müssen es nicht immer Flocken oder Kleie sein. Die grob zerkleinerten Körner der Hafergrütze und auch Haferschrot geben den Gerichten Biss und Ihrer Darmflora so richtig was zu arbeiten. Grütze und Schrot bekommen Sie in Bioläden und Reformhäusern. Natürlich können Sie beides gekocht auch für Ihr Frühstück verwenden und sogar Smoothies damit anreichern.

Auberginencurry mit Kichererbsen und Kleie

FÜR 4 PORTIONEN
PRO PORTION: 274 KCAL / 10,6 G E / 10,0 G F / 28,2 G KH / 14,2 G BAL

ZUTATEN:

- 1 große Zwiebel
- 30 g frischer Ingwer
- 1 kg Auberginen
- 2 EL Bratöl
- 1 EL mildes Currypulver
- 1 TL Schwarzkümmel
- 40 g Bio-Haferkleie
- 700 ml Wasser oder Gemüsebrühe
- 1 Dose Kichererbsen (400 g Einwaage)
- 2 Stängel frischer Koriander oder Petersilie
- Salz, Pfeffer
- Zitronensaft nach Belieben

1. Die Zwiebel abziehen und fein würfeln. Ingwer schälen und in sehr kleine Würfel schneiden. Die Auberginen waschen, putzen und in etwa 2 cm große Würfel schneiden.
2. Bratöl in einem geräumigen Topf mild erhitzen und Zwiebel etwas anbraten. Ingwer dazugeben und weitere 3 Minuten mitbraten.
3. Die Auberginen unterrühren und unter mehrmaligem Rühren in 5 Minuten rundherum anbraten. Die Gewürze und Haferkleie einrühren und mit Wasser aufgießen.
4. Zugedeckt 10–15 Minuten dämpfen, bis die Auberginen sehr weich sind. Die Kichererbsen mit ihrer Flüssigkeit, dazugeben und heiß werden lassen.
5. Koriander waschen, trocken schütteln und die Blätter von den Stängeln zupfen.
6. Das Auberginencurry mit Salz, Pfeffer und nach Geschmack Zitronensaft abschmecken und mit dem Koriander bestreuen.

Tipp

Farbenfroh wird das Auberginencurry, wenn Sie 300 g der Auberginen zum Beispiel durch Hokkaido-Kürbis oder Süßkartoffeln ersetzen. Kürbis bzw. Süßkartoffel putzen und in 1 cm große Würfel schneiden. Mit dem Zwiebel-Ingwer-Gemisch anbraten, würzen und mit Wasser ablöschen. 10 Minuten vorkochen lassen, dann die Auberginen (ohne sie anzubraten) dazugeben und zugedeckt alles zusammen weitere 10 Minuten dämpfen.

Blumenkohl-Nuggets

FÜR 4 PORTIONEN (20 STÜCK)
PRO PORTION (5 STÜCK): 363 KCAL / 20,2 G E / 24,5 G F / 12,5 G KH / 6,0 G BAL
PRO STÜCK: 73 KCAL / 4,0 G E, / 4,9 G F / 2,5 G KH / 1,2 G BAL

ZUTATEN:

1 Blumenkohl (ca. 750 g vorbereitet gewogen)
500 ml Wasser
40 g frische Kräuter nach Saison
100 g alter Gouda oder Bergkäse
1 TL Paprikapulver edelsüß oder rosenscharf – je nach Geschmack
4 Eier, Größe M
3 EL Olivenöl
40 g Bio-Haferkleie oder feine Bio-Haferflocken
Salz, Pfeffer

1. Blumenkohl waschen, putzen und grob zerschneiden. In mehreren Portionen im Universalzerkleinerer oder auf einer kernigen Reibe fein zerkleinern. Die Stücke in einen Dampfgareinsatz geben und diesen in einen mit Wasser gefüllten Topf setzen. 15–20 Minuten – je nach Größe der Stücke – weich dämpfen.
2. In der Zwischenzeit die Kräuter waschen, mit Küchenpapier trocken tupfen, die Blätter von den Stängeln zupfen und fein hacken. Den Käse fein reiben. Beides in eine geräumige Schüssel geben (der Blumenkohl soll später auch darin Platz haben) und mit Eiern, 2 EL Öl, 10 g Haferkleie und Salz und Pfeffer vermischen.
3. Blumenkohl etwas abkühlen lassen, in ein sauberes Tuch geben und kräftig ausdrücken, damit die Nuggets nicht zu weich werden. Zum Käse-Kräuter-Gemisch in die Schüssel geben.
4. Den Backofen auf 200 °C Ober-/Unterhitze (Umluft 180 °C) vorheizen.
5. Ein Backblech mit dem restlichen Öl bepinseln. Die restliche Haferkleie auf einem flachen Teller ausbreiten. Mit angefeuchteten Händen aus dem Blumenkohlteig 20 Nuggets formen, jeweils in der Haferkleie wälzen und auf das Backblech legen.
6. Nuggets 15 Minuten von jeder Seite goldgelb backen und heiß – zum Beispiel mit einem Salat oder zuckerfreiem Ketchup – genießen.

Tipps

- Die kalten Nuggets eignen sich gut zum Mitnehmen oder für einen herzhaften Snack zwischendurch.
- Sie können diese Nuggets zum Beispiel auch mit Brokkoli zubereiten.

Linsenreis »Khichdi« mit Hafer

FÜR 4 PORTIONEN
PRO PORTION: 336 KCAL / 14,2 G E / 6,3 G F / 50,9 G KH / 9,6 G BAL

ZUTATEN:

- 200 g TK-Erbsen
- 300 g grüne Bohnen
- 300 g Möhren
- 1 kleine Zwiebel
- 1 EL Bratöl
- 125 g Langkornreis
- 200 g gelbe Linsen
- 100 g Bio-Haferkörner, -grütze oder -schrot
- 1 l Gemüsebrühe (Fertigprodukt)
- 2 EL mildes Currypulver
- nach Belieben ½ TL gemahlener Koriander
- Salz, Pfeffer
- Zitronen- oder Limettensaft

1. Die Erbsen in eine Schüssel geben und auftauen lassen. Die Bohnen putzen, waschen und in etwa 1 cm lange Stücke schneiden. Die Möhren schälen, waschen und in kleine Würfel schneiden. Die Zwiebel abziehen und fein hacken.
2. Öl in einem beschichteten Topf mild erhitzen und die Zwiebel goldgelb anbraten. Den Reis dazugeben und unter Rühren kurz mitbraten, bis er glasig erscheint.
3. Linsen, Hafer, grüne Bohnen und Möhren einrühren. Die Brühe angießen, Curry und eventuell Koriander hinzufügen. Das Ganze aufkochen und anschließend zugedeckt bei sehr kleiner Hitze 25–30 Minuten ziehen lassen, bis Reis und Hafer gar und die Linsen fast zerfallen sind.
4. Die aufgetauten Erbsen dazugeben und 1–2 Minuten im Gericht erhitzen.
5. Linsen-Khichdi (so nennt man in Indien diese cremige Speise) mit Salz, Pfeffer und Zitronensaft abschmecken.

Tipps

- Auch Blumenkohl, Tomaten oder Kidneybohnen sind beliebte Khichdi-Zutaten.
- Gerne wird Khichdi mit Knoblauchjoghurt oder Schmand serviert und mit frischem Koriander bestreut.

Riesenbohnen mit süß-saurer Tomatensoße

FÜR 2 PORTIONEN
PRO PORTION: 302 KCAL / 16,2 G E / 8,9 G F / 33,9 G KH / 10,4 G BAL

ZUTATEN:

- 2 Schalotten
- 1 Knoblauchzehe
- 1 Stück Ingwer (etwa walnussgroß)
- 500 g sehr reife Roma-Tomaten (ersatzweise 1 Dose gehackte Tomaten, 400 g Einwaage)
- 1 EL Olivenöl
- 40 g zarte Bio-Haferflocken
- 2 TL Honig
- 2 EL weißer Essig
- Tabasco oder 1 Prise Peperoncino-Gewürz nach Belieben
- Salz, Pfeffer
- 1 Dose Riesenbohnen (400 g Einwaage)
- 2 Stängel glatte Petersilie

1. Die Schalotten abziehen und klein würfeln. Knoblauch und Ingwer schälen und ebenfalls in kleine Würfel schneiden.
2. Die Tomaten waschen, längs halbieren, die Stielansätze herausschneiden und das Fruchtfleisch in etwa 1 cm große Würfel schneiden.
3. Olivenöl in einem Topf erhitzen und Schalotten, Knoblauch und Ingwer unter Rühren andünsten. Die Tomaten und Haferflocken unterrühren und bei mittlerer Hitze 15 Minuten einkochen lassen. Dabei öfters umrühren. Nach Belieben gröber oder feiner mit dem Pürierstab pürieren.
4. Honig und Essig einrühren. Mit Tabasco, Salz und Pfeffer abschmecken und auf kleiner Flamme durchziehen lassen.
5. Die Bohnen in ein Sieb geben und abbrausen. In die Tomatensoße rühren und 3 Minuten darin erwärmen. Währenddessen die Petersilie waschen, trocken schütteln und die Blätter von den Stängeln zupfen.
6. Bohnen mit Soße auf 2 Teller verteilen und mit Petersilie bestreut servieren.

Buchweizen mit Fenchel, Möhren und Hafergrütze

FÜR 4 PORTIONEN
PRO PORTION: 415 KCAL / 12,9 G E / 10,9 G F / 59,8 G KH / 13,1 G BAL

ZUTATEN:

- 1 große Zwiebel
- 400 g Möhren
- 400 g Knollensellerie
- 150 g Fenchelknolle
- 2 EL Olivenöl
- 150 g Buchweizen
- 50 g Bio-Hafergrütze oder -schrot
- 1 EL Fenchelsaat
- 1,25 l Gemüsebrühe (Fertigprodukt)
- Salz, Pfeffer
- etwas Zitronensaft nach Belieben

1. Die Zwiebel abziehen und fein würfeln. Möhren und Knollensellerie putzen, schälen, und in etwa 1 cm große Würfel schneiden. Fenchel waschen, in Blätter teilen, und diese quer in Streifen schneiden. Das Fenchelgrün abzupfen und beiseite legen.
2. Olivenöl in einem geräumigen Topf mild erhitzen und Zwiebel glasig dünsten. Buchweizen und Hafergrütze dazugeben und 2–3 Minuten unter Rühren andünsten.
3. Brühe, das vorbereitete Gemüse und die Fenchelsaat dazugeben, aufkochen lassen und anschließend bei milder Hitze zugedeckt 15–20 Minuten köcheln lassen, bis Gemüse und Getreide weich sind.
4. In der Zwischenzeit das Fenchelgrün hacken.
5. Den Eintopf mit Salz, Pfeffer und – nach Belieben – etwas Zitronensaft abschmecken und mit dem Fenchelgrün bestreuen.

Tipps

- Sie können natürlich auch anderes Gemüse je nach Saison verwenden. Es sollte nur jeweils etwa gleich fest sein, damit es auch gleichzeitig gar wird.
- Das Buchweizengericht eignet sich auch gut zum Einfrieren (außer, es sind Kartoffeln dabei).

Linsen-Dal mit Blumenkohl und Hafer

FÜR 4 PORTIONEN
PRO PORTION: 389 KCAL / 21,0 G E / 7,3 G F / 53,3 G KH / 13,1 G BAL

ZUTATEN:

- 1 große Zwiebel
- 30 g frischer Ingwer
- 300 g Blumenkohl
- 200 g Möhren oder Süßkartoffeln
- 1 EL Bratöl
- 1 EL mildes Currypulver
- ½ TL gemahlene Kurkuma
- 1 getrocknete Chilischote oder ½ TL Peperoncino-Gewürz
- 200 g gelbe Linsen
- 100 g Bio-Hafergrütze oder -schrot
- 1 l Gemüsebrühe (Fertigprodukt)
- 100 g frischer Spinat
- 1 Strauchtomate
- Salz, Pfeffer

1. Die Zwiebel abziehen und fein hacken. Ingwer schälen und in kleine Würfel schneiden. Blumenkohl waschen, putzen und in Röschen teilen. Möhren schälen, putzen, waschen und in etwa 1 cm große Würfel oder Scheiben schneiden.
2. Öl in einem geräumigen Topf mild erhitzen und die Zwiebel goldgelb anbraten. Die Ingwerwürfel dazugeben und kurz mitbraten.
3. Currypulver, Kurkuma, Chilischote, Linsen, Blumenkohl, Möhren und Brühe dazugeben. Aufkochen lassen und anschließend bei sehr kleiner Hitze zugedeckt 20 Minuten köcheln lassen, bis fast alle Flüssigkeit aufgesogen ist und die Linsen cremig und sehr weich sind.
4. In der Zwischenzeit den Spinat putzen, eventuell die harten Stängel entfernen und größere Blätter klein zupfen. Die Tomate längs halbieren und die Kerne entfernen. Das Fruchtfleisch würfeln.
5. Spinat und Tomatenwürfel unter die Linsen rühren und weitere 5 Minuten bei kleinster Hitze garen, bis der Spinat weich ist. Mit Salz und Pfeffer abschmecken.

Info

Dal (auch Daal oder Dhal) bezeichnet ein indisch-pakistanisches Hülsenfruchtgericht, bei dem Linsen, Bohnen oder Kichererbsen sehr weich, fast breiartig zerkocht werden.

Mais mit Möhren, Linsen und Hafergrütze

FÜR 4 PORTIONEN
PRO PORTION: 370 KCAL / 14,6 G E / 11,2 G F / 45,3 G KH / 14,5 G BAL

ZUTATEN:

- 1 große Zwiebel
- 2 Knoblauchzehen
- 300 g Möhren
- 300 g Fleischtomaten
- 1 EL Bratöl
- 100 g gelbe Linsen
- 100 g Bio-Hafergrütze
- 1 l Brühe (Fertigprodukt)
- 1 EL getrockneter Majoran oder andere Kräuter (z. B. Thymian, Oregano, Estragon)
- 2 Dosen Goldmais (à ca. 280 g Abtropfgewicht)
- 200 ml Wasser oder Gemüsebrühe
- Salz, Pfeffer
- 2 EL Schnittlauch in Röllchen

1. Die Zwiebel abziehen und klein würfeln. Den Knoblauch schälen und durch eine Knoblauchpresse drücken. Die Möhren schälen, waschen, putzen und in Scheiben oder Stifte schneiden. Die Tomaten waschen, längs halbieren, die Stielansätze entfernen und das Fruchtfleisch klein würfeln.
2. Öl in einem geräumigen Topf erhitzen und Zwiebel und Knoblauch goldgelb anbraten. Linsen, Hafergrütze, Brühe, Möhren und Majoran dazugeben, aufkochen lassen und bei kleiner Hitze zugedeckt 15–20 Minuten sanft köcheln lassen, bis Linsen und Hafer weich sind.
3. Die Tomaten zusammen mit dem Mais dazugeben. Wenn Ihnen das Gericht zu dick erscheint, mit etwa 200 ml Wasser oder Brühe auffüllen. Mit Salz und Pfeffer abschmecken, alles zusammen nochmals erhitzen und mit Schnittlauch bestreuen.

Hähnchenbrust »Cacciatore«

FÜR 4 PORTIONEN
PRO PORTION: 447 KCAL / 35,6 G E / 23,7 G F / 20,5 G KH / 4,6 G BAL

ZUTATEN:

400 g Hähnchenbrust mit Haut
Salz, Pfeffer
1 kleine Zwiebel
2 Knoblauchzehen
1 rote Paprikaschote
40 g Frühstücksspeck
100 g braune Champignons
100 g Cocktailtomaten
2 EL Olivenöl
2 EL Balsamico-Essig
1 Dose geschälte oder gehackte Tomaten (400 g Einwaage)
40 g Bio-Haferkleie
1 Zweig Rosmarin
40 g schwarze entsteinte Oliven

1. Hähnchenstücke halbieren und von beiden Seiten mit Salz und Pfeffer würzen.
2. Die Zwiebel abziehen und in Ringe schneiden. Knoblauch ungeschält auf der Arbeitsplatte an der stumpfen Seite andrücken, sodass die Schale aufplatzt.
3. Die Paprikaschote waschen, putzen und in etwa 1,5 cm große Rauten schneiden. Frühstücksspeck quer in Streifen schneiden. Champignons mit Küchenpapier abreiben, putzen und je nach Größe halbieren oder vierteln. Tomaten waschen, halbieren und die Stielansätze entfernen.
4. Olivenöl in einer hohen beschichteten Pfanne (die Hähnchenteile sollen nebeneinander Platz haben) erhitzen und das Fleisch auf der Hautseite knusprig anbraten. Herausnehmen und beiseite stellen.
5. Zwiebel, Knoblauch und Paprika in die heiße Pfanne geben und unter ständigem Rühren anbraten. Mit Essig ablöschen und Champignons, Cocktailtomaten, Tomaten aus der Dose und Haferkleie unterrühren.
6. Die Hähnchenteile mit der Haut nach oben in die Soße setzen, den Rosmarinzweig an den Rand stecken und das Ganze 35 Minuten zugedeckt bei kleiner Hitze schmoren. 5 Minuten vor Ende der Garzeit die Oliven unterheben.
7. Den Rosmarinzweig entfernen, die Soße mit Salz und Pfeffer und nach Belieben weiteren 1-2 EL Balsamico-Essig abschmecken und gleich in der Pfanne servieren.

Putenragout mit Aprikosen und Erbsen

FÜR 4 PORTIONEN
PRO PORTION: 320 KCAL / 24,5 G E / 9,8 G F / 30,5 G KH / 5,7 G BAL

ZUTATEN:

200 g TK-Erbsen
2 kleine Zwiebeln
1-2 Knoblauchzehen
300 g Putenbrust
80 g ungeschwefelte getrocknete Aprikosen
1 Bio-Orange
2 EL Bratöl
1 EL Paprikapulver edelsüß
1 TL gemahlene Kurkuma
400 ml Gemüsebrühe
40 g Bio-Haferkleie
2 Stängel glatte Petersilie
Salz, Pfeffer

1. Die Erbsen in eine kleine Schüssel geben und etwas auftauen lassen. Die Zwiebeln abziehen und klein würfeln. Die Knoblauchzehe schälen und in feine Scheiben schneiden.
2. Die Putenbrust in etwa 2 cm große Würfel schneiden. Die Aprikosen in Streifen schneiden. Die Orange heiß waschen, 1 EL Schale abraspeln und die Frucht auspressen.
3. Das Öl in einer hohen beschichteten Pfanne erhitzen und Zwiebelwürfel und Knoblauch goldgelb anbraten. Die Putenbruststücke dazugeben und rundherum etwas anbraten.
4. Mit Paprikapulver und Kurkuma bestäuben, umrühren und mit der Gemüsebrühe ablöschen.
5. Die Haferkleie einrühren und alles zugedeckt bei milder Hitze 20 Minuten garen.
6. In der Zwischenzeit die Petersilie waschen, trocken schütteln und die Blätter von den Stängeln zupfen.
7. Erbsen und Aprikosen ins Ragout geben und 1–2 Minuten darin erhitzen. Den Orangensaft einrühren und bei abgeschaltetem Herd 2 Minuten warm werden lassen.
8. Mit Salz und Pfeffer abschmecken und mit Orangenschale und Petersilie bestreut in der Pfanne servieren.

Info

Kurkuma, die bei uns eigentlich Gelbwurz heißt, ist wissenschaftlich erwiesen besonders wirksam für ein starkes Immunsystem. Wenn Sie nur ½ TL des gelben Pulvers täglich in Ihre Mahlzeiten (oder Smoothies) einbauen, bringen Sie außerdem Ihren Stoffwechsel auf Vordermann und begünstigen den Fettabbau. Vorsicht, wenn Sie schwanger sind oder Blutverdünner einnehmen: Zu viel des guten Pulvers könnte Kontraktionen auslösen und das Blut noch mehr als gewünscht verdünnen. Höchstgrenze ist dann 1 EL täglich.

Hähnchengulasch mit Möhren und Kichererbsen

FÜR 4 PORTIONEN
PRO PORTION: 309 KCAL/ 29,7 G E / 9,1 G F / 23,0 G KH / 8,3 G BAL

ZUTATEN:

- 1 große Zwiebel
- 2 Knoblauchzehen
- 300 g Möhren
- 400 g Hähnchenbrust
- 1 EL Bratöl
- 1 EL Paprikapulver edelsüß oder rosenscharf – je nach Geschmack
- 40 g Bio-Haferkleie
- 800 ml Gemüse- oder Hühnerbrühe
- 4 Stängel krause Petersilie
- 1 Dose Kichererbsen (265 g Abtropfgewicht)
- Salz, Pfeffer

1. Die Zwiebel abziehen und klein würfeln. Die Knoblauchzehen schälen und in feine Scheiben schneiden. Die Möhren schälen, putzen, waschen und in etwa ½ cm dicke Scheiben schneiden.
2. Die Hähnchenbrust waschen, mit Küchenpapier trocken tupfen und in mundgerechte Würfel schneiden.
3. Das Öl in einen geräumigen Topf mild erhitzen und Zwiebeln und Knoblauch darin andünsten. Paprikapulver und Haferkleie dazugeben und kurz mitdünsten.
4. Die Möhren, Hähnchenbrust und Brühe dazugeben, aufkochen lassen und dann bei milder Hitze zugedeckt 35 Minuten oder länger sanft köcheln lassen, bis die Möhren weich sind und das Fleisch gar ist.
5. In der Zwischenzeit die Petersilie waschen, trocken schütteln und die Blätter von den Stängeln zupfen. Die Kichererbsen in ein Sieb geben, kalt abbrausen, in den Topf geben und alles zusammen weitere 5 Minuten sanft köcheln lassen.
6. Das Gulasch mit Salz und Pfeffer abschmecken, auf 4 Teller verteilen und mit Petersilie bestreut servieren.

Tipps

- Von Gulasch können Sie immer gleich mehrere Portionen kochen, auch wenn vielleicht gerade nur eine oder zwei gegessen werden. Es lässt sich nämlich prima einfrieren oder ein paar Tage im Kühlschrank aufbewahren und schmeckt aufgewärmt noch mal so gut.
- Statt der Kichererbsen können Sie auch andere Hülsenfrüchte aus der Dose wie zum Beispiel Kidneybohnen, weiße Bohnen oder Mais verwenden. Diese haben ähnlich viele Ballaststoffe wie Kichererbsen.

Wirsing mit Hackfleisch und Hafergrütze

FÜR 4 PORTIONEN
PRO PORTION: 400 KCAL / 21,9 G E / 23,6 G F / 21,2 G KH / 7,5 G BAL

ZUTATEN:

- 1 große Zwiebel
- 400 g Möhren
- 400 g Wirsing oder Weißkohl
- 2 EL Bratöl
- 400 g Bio-Hackfleisch (gemischt oder nur vom Rind)
- 50 g Bio-Hafergrütze
- 1 l Fleischbrühe (Fertigprodukt)
- 1 EL Kümmel
- 1 EL getrockneter Thymian
- 1 gestr. TL gemahlener Zimt
- 4 Stängel glatte Petersilie
- Salz, Pfeffer

1. Die Zwiebel abziehen und klein würfeln. Die Möhren schälen, putzen, waschen und in Scheiben schneiden. Vom Wirsing oder Weißkohl die äußeren Blätter und den Strunk entfernen. In Blätter teilen und diese grob zerschneiden.
2. Öl in einem geräumigen Topf mild erhitzen und die Zwiebeln unter Rühren hellgelb anbraten. Das Hackfleisch mit den Händen oder einer Gabel zerpflücken, zu den Zwiebeln geben und unter Rühren krümelig braten.
3. Möhren, Kohl und Hafergrütze dazugeben, mit Brühe aufgießen und die Gewürze einrühren. Zugedeckt 20–25 Minuten auf kleiner Flamme köcheln lassen, bis das Gemüse weich ist.
4. Die Petersilie waschen, trocken schütteln, die Blätter von den Stängeln zupfen und hacken.
5. Das Gericht mit Salz und Pfeffer abschmecken und mit Petersilie bestreuen.

Tipp

Wie zu den meisten Kohlgerichten macht sich auch hier saure Sahne oder Schmand sehr gut. Etwas salzen und in einer Schüssel getrennt dazu reichen.

Mini-Hackbraten mit Haferkleie

FÜR 4 PORTIONEN
PRO PORTION: 592 KCAL, / 33,1G E / 439,6G F / 23,6G KH/ 4,9G BAL

ZUTATEN:

Für die Hackbraten:

- 1 Vollkornbrötchen
- 70 ml Milch (3,5 % Fett)
- 1 große Zwiebel
- 1–2 Knoblauchzehen
- 5 Stängel glatte Petersilie
- 2 EL Bratöl
- 600 g gemischtes Bio-Hackfleisch
- 2 Eier, Größe M
- 60 g Bio-Haferkleie
- 1–2 TL getrockneter Majoran
- Salz, Pfeffer

Für die Tomatensoße:

- 75 g Tomatenmark
- 200 ml Wasser
- 1 EL Olivenöl
- weißer Balsamico-Essig nach Belieben

1. Das Brötchen grob zerschneiden und in Milch einweichen. Den Backofen auf 180 °C Ober-/Unterhitze (Umluft 160 °C) vorheizen.
2. Die Zwiebel abziehen und in kleine Würfel schneiden. Knoblauch schälen und durch eine Knoblauchpresse drücken. Petersilie waschen, mit Küchenpapier trocken tupfen und die Blätter von den Stängeln zupfen.
3. 1 EL Öl in einer kleinen beschichteten Pfanne erhitzen und Zwiebel, Knoblauch und die Hälfte der Petersilie unter Rühren andünsten.
4. Brötchen mit Milch, Hackfleisch, Eiern, Haferkleie und Majoran in eine Schüssel geben, den Pfanneninhalt zufügen und das Ganze gut vermischen. Mit Salz und Pfeffer würzen.
5. Ein Backblech mit Backpapier auslegen. Aus dem Fleischteig mit feuchten Händen 4 Laibchen formen und daraufsetzen. Mit dem restlichen Öl bestreichen und auf der mittleren Schiene 40 Minuten goldbraun braten.
6. In der Zwischenzeit für die Tomatensoße das Tomatenmark mit Wasser und Olivenöl in einen kleinen Topf geben und 10 Minuten einkochen lassen.
7. Soße mit Salz, Pfeffer und Essig nach Belieben abschmecken und auf den fertigen Laibchen verstreichen. Mit der restlichen Petersilie bestreut servieren.

Tipps

- Dem Hackfleisch können Sie nach Belieben auch Kapern, getrocknete Tomaten oder 1 gehackte Chilischote für mehr Schärfe zufügen.
- Sie können die Laibchen auch kalt essen oder auf Vorrat zubereiten.
- 1 Mini-Hackbraten ohne Tomatensoße hat 546 kcal und 4,4 g Ballaststoffe. Die kleinen Laibe eignen sich gut zum Mitnehmen und sind ein Hingucker auf dem Buffet.

Info

Der Ursprung dieses Gerichts liegt im Dunkeln, wird aber in der Gegend von Mexiko und Texas vermutet. Fest steht, dass es immer in größeren Mengen zubereitet wird, da es aufgewärmt immer mehr Aroma entwickelt. Mais kommt in den Ur-Rezepten eigentlich nicht vor, hat sich aber – gerade bei uns – fest etabliert.

Chili con Carne y Avena

FÜR 4 PORTIONEN
PRO PORTION: 501 KCAL / 25,1G E / 24,8G FETT / 38,9G KH / 11,2G BAL

ZUTATEN:

1 große Zwiebel
2 Knoblauchzehen
1 große rote Paprikaschote
1 rote Peperonischote nach Belieben
2 EL Olivenöl
300 g Bio-Hackfleisch vom Rind
100 g Bio-Hafergrütze
1 Zimtstange
1 TL gemahlener Kreuzkümmel
1 TL getrockneter Oregano
1 EL Paprikapulver edelsüß
1 TL Cayennepfeffer – nach Geschmack auch mehr
½ l Brühe (gerne wird auch dunkles Bier genommen)
1 Dose gehackte Tomaten (ca. 400 ml Füllmenge)
1 Dose Kidneybohnen (ca. 250 g Abtropfgewicht)
1 Dose Goldmais (ca. 150 g Abtropfgewicht)
Salz

1. Die Zwiebel abziehen und würfeln. Den Knoblauch schälen und in feine Scheiben schneiden. Die Paprikaschote waschen, putzen und klein würfeln. Die Peperonischote waschen, längs aufschlitzen und Kerne und Trennhäutchen entfernen. Fruchtfleisch klein würfeln.
2. Öl in einem hohen, beschichteten Topf erhitzen und die Zwiebeln hineingeben. Unter häufigem Rühren goldbraun anbraten.
3. Das Hackfleisch mit einer Gabel oder den Händen zerpflücken, dazugeben und unter Rühren anbraten, bis es krümelig und braun geworden ist. Das ist wichtig, damit Röststoffe entstehen können.
4. Die Hafergrütze und alle Gewürze einrühren und mit Brühe aufgießen. Die Flüssigkeit bei mittlerer Hitze auf etwa die Hälfte einkochen lassen.
5. Die Tomaten, Paprikawürfel und – wenn Sie gerne scharf essen – Peperoniwürfel dazugeben und das Ganze auf sehr kleiner Flamme zugedeckt 45–60 Minuten schwach köcheln lassen. Dabei hin und wieder umrühren.
6. Kidneybohnen in ein Sieb geben und kalt abbrausen. Zusammen mit dem Mais unterrühren und 10-15 Minuten durchziehen lassen. Mit Salz und – wenn es schärfer sein soll – mehr Cayennepfeffer abschmecken.

Tipp

- 1 EL Kakaopulver (ohne Zucker) kommt in Mexiko immer dazu – das gibt eine schöne Farbe und intensiviert das Chili-Aroma. Sie können das Chili auch in kürzerer Kochzeit zubereiten, denn das Fleisch ist ja nach dem Anbraten schon durch – dann könnten alle anderen Zutaten gleich für 40 Minuten dazu. Die längere Kochzeit ist jedoch gut fürs Aroma.

Fleischbällchen auf Hafer-Gemüse

FÜR 4 PORTIONEN
PRO PORTION: 484 KCAL / 24,5 G E / 21,5 G F / 43,5 G KH / 9,2 G BAL

ZUTATEN:

1 kleine Zwiebel
1 Knoblauchzehe
Salz
400 g gemischtes Bio-Hackfleisch
25 g zarte Bio-Haferflocken
Pfeffer
1 Bund Lauchzwiebeln
300 g Möhren
300 g Kartoffeln
200 g Staudensellerie
200 g Tomaten
1 EL Bratöl
100 g Haferkörner
1,5 ml Gemüse- oder Fleischbrühe (Fertigprodukt)
2 Lorbeerblätter
1 TL Paprikapulver edelsüß oder rosenscharf – je nach Geschmack

1. Zwiebel abziehen und sehr fein hacken. Die Knoblauchzehe schälen und durch eine Knoblauchpresse drücken.
2. Hackfleisch in eine Schüssel geben und mit Zwiebel, Knoblauch, Haferflocken und Pfeffer verkneten. Zudecken und beiseite stellen.
3. Lauchzwiebeln abziehen und mit viel Grün in feine Scheiben schneiden. Einen Teil der grünen Zwiebelringe nach Belieben für später zum Bestreuen beiseite legen.
4. Möhren und Kartoffeln schälen, waschen, putzen und in Scheiben beziehungsweise Würfel schneiden. Staudensellerie waschen und quer in Streifen schneiden. Tomaten waschen und achteln.
5. Öl in einem geräumigen Topf mild erhitzen und die Lauchzwiebeln goldgelb anbraten. Hafer dazugeben und unter Rühren glasig dünsten.
6. Mit Brühe aufgießen. Lorbeerblätter und Paprikapulver zufügen. Den Hafer zum Kochen bringen und anschließend bei milder Hitze 10 Minuten vorköcheln lassen.
7. Das vorbereitete Gemüse dazugeben und alles zusammen zugedeckt weiter bei milder Hitze in 15 Minuten weich kochen.
8. In der Zwischenzeit aus dem Hackfleisch 20 kleine Bällchen (Ø ca. 2 cm) formen. Diese zum Hafer-Gemüseeintopf geben und 10 Minuten darin ziehen lassen - es soll jetzt nicht wallend kochen! Mit den restlichen Lauchzwiebeln bestreuen.

Info

Sie können den Eintopf auch mit Gerste zubereiten, müssten dabei aber auf die einzigartigen Inhaltsstoffe des Hafers verzichten. Ungeschälte Gerste (Reformhaus) muss über Nacht eingeweicht werden, Gerstengraupen (Rollgerste, Perlgraupen) können gleich in den Topf und brauchen ca. 35 Minuten, bis sie weich sind.

SÜSSES

Mit Hafer und Haferprodukten lassen sich neben leckeren kleinen Süßspeisen für Zwischendurch oder als Hauptmahlzeit auch äußerst schmackhafte Desserts zubereiten. Auf den nächsten Seiten stellen wir Ihnen dafür unter anderem das Originalrezept für die Rote Grütze nach der bekannten Hauswirtschafterin Henriette Davidis vor – so können Sie Hafer in Bestform genießen!

Rhabarber-Erdbeer-Streusel

4 PORTIONEN
PRO PORTION: 237 KCAL / 4,5 G E / 14,0 G F / 21,4 G KH / 3,8 G BAL

ZUTATEN:

- 2 dünne Stangen Rhabarber (zusammen ca. 150 g)
- 150 g Erdbeeren
- 4 TL brauner Zucker nach Belieben
- 60 g zarte Bio-Haferflocken
- 60 g Dinkelvollkornmehl (Type 1050)
- 60 g kalte Butter

1. Den Backofen auf 180 °C Ober-/Unterhitze (Umluft 160 °C) vorheizen.
2. Den Rhabarber waschen, putzen und eventuell die äußerste Haut dünn in Streifen abziehen. Rhabarber in schmale Scheiben schneiden. Die Erdbeeren waschen, entstielen und in Scheiben schneiden.
3. Rhabarber und Erdbeeren in 4 kleine feuerfeste Schalen verteilen (Sie können auch eine kleine Quicheform mit Ø ca. 15 cm verwenden), etwas festdrücken und nach Belieben mit je 1 TL Zucker bestreuen.
4. Haferflocken und Dinkelmehl in einer geräumigen Schüssel vermischen und die Butter in Flocken dazugeben. Mit den Händen verkneten und zwischen den Handflächen zu Streuseln zerbröseln.
5. Streusel auf dem Obst verteilen und 25–30 Minuten im vorgeheizten Backofen auf der mittleren Schiene goldgelb backen. Heiß, lauwarm oder kalt in den Formen servieren.

Tipp

Nach diesem Rezept können Sie alle möglichen anderen Obstsorten schnell und unkompliziert zu einem Dessert verarbeiten. Äpfel oder Birnen gibt es immer, besonders gut zur Unterstützung der schlanken Linie sind Beerenfrüchte geeignet. Für die süßen Beeren benötigen Sie auch garantiert keinen Zucker!

Haferschmarren mit Beerenobst

FÜR 4 PORTIONEN
PRO PORTION: 168 KCAL / 6,5G E / 8,1G F / 15,6G KH / 3,9G BAL

ZUTATEN:

- 100 g gemischtes Beerenobst
- 2 Eier, Größe M
- Salz
- 150 ml ungesüßter Haferdrink
- 75 g Hafermehl
- 10 g Instant-oder zarte Bio-Haferflocken
- 1 gestr. TL Flohsamenschalen
- 1 gestr. TL Backpulver
- 20 g Rosinen nach Belieben
- 15 g Butter
- 15 g Puderzucker oder Birken-Puderzucker nach Belieben

1. Die Beeren waschen, verlesen und gut abtropfen lassen.
2. Den Backofen auf 180 °C Ober-/Unterhitze (Umluft weniger geeignet) vorheizen. Die Eier trennen. Eiweiß in eine Schüssel geben und mit 1 Prise Salz mit dem Handrührgerät sehr steif schlagen.
3. In einer zweiten Schüssel Eigelb, Haferdrink und -mehl, Flohsamenschalen und Backpulver zu einem glatten Teig verrühren.
4. Den Teig 15 Minuten quellen lassen, dann den Eischnee mit einem Spatel unterheben.
5. Butter in einer beschichteten, ofenfesten Pfanne (Ø ca. 20 cm) bei milder Hitze schmelzen. Den Teig hineingießen, nach Geschmack mit den Rosinen bestreuen und etwa 2 Minuten auf der Unterseite backen.
6. In den Ofen geben und in 7 Minuten fertig backen, bis die Oberfläche fest geworden ist. Herausnehmen, wenden und mithilfe von 2 Pfannenwendern in Quadrate reißen, nicht schneiden.
7. Haferschmarren auf 2 Teller verteilen, die Beeren darübergeben und nach Belieben mit Puderzucker bestreuen.

Info

Zuckerersatzstoffe wie zum Beispiel Birkenzucker beeinflussen den Blutzuckerspiegel im Gegensatz zu Haushaltszucker nur wenig. Birkenzucker finden Sie auch unter der Bezeichnung Xylit oder Xylitol in Reformhäusern. Er wird aus Birkenrinde und anderen Hölzern gewonnen.

Mit anderen Austauschstoffen wie beispielsweise Erythrit könnten Sie Zucker im Prinzip komplett ersetzen – bei Verwendung größerer Mengen schmeckt das Gericht dann aber leicht bitter und kann bisweilen auch zu Blähungen führen.

Info

Henriette Davidis (1801–1876) schrieb das *Praktische Kochbuch* (1. Auflage 1845), das bedeutendste Kochbuch des 19. Jahrhunderts, das antiquarisch oder als Reprint auch heute noch erhältlich ist. Im Deutschen Kochbuchmuseum im Westfalenpark in Dortmund ist ein großer Teil der Ausstellung nur ihr vorbehalten. In ihrem Buch sind alle gutbürgerlichen Rezepte der damaligen Zeit aufgeschrieben.

Original Rote Grütze (nach Henriette Davidis)

FÜR 2 PORTIONEN:
PRO PORTION: 292 KCAL / 7,0 G E / 3,7 G F / 55,0 G KH / 7,4 G BAL

ZUTATEN:

300 g frische Früchte nach Wahl (z. B. Erdbeeren, Brombeeren, Johannisbeeren oder Kirschen)
300 ml roter Fruchtsaft (Bio-Fertigprodukt, z. B. Trauben- oder Kirschsaft))
75 g Bio-Hafergrütze
½ TL gemahlener Zimt
1–2 TL Vanillepaste

1. Die Früchte waschen und vorbereiten. Je nach Sorte entstielen, entkernen, von den Rispen streifen oder größere Exemplare halbieren.
2. Fruchtsaft mit Hafergrütze in einen kleinen Topf geben und aufkochen lassen. Unter häufigem Rühren 8 Minuten dicklich einkochen lassen.
3. Die vorbereiteten Früchte dazugeben und 2–3 Minuten mitkochen lassen. In 2 Schüsseln oder tiefe Teller verteilen, erkalten lassen und dann zum weiteren Gelieren in den Kühlschrank stellen.

Tipps

- Wem diese Variante zu »körnig« ist, kann die Rote Grütze auch mit Hafermehl anrühren. Dazu 300 ml Saft aufkochen lassen, Zimt und Vanille zufügen und mit dem Schneebesen nach und nach 30 g Hafermehl einrühren. 3 Minuten unter ständigem Rühren mit dem Schneebesen einkochen lassen, dann für 2–3 Minuten die vorbereiteten Früchte dazugeben. Damit verändern sich die Nährwerte pro Portion auf 213 kcal / 3,2 g E / 2,2 g F / 43,5 g KH / 5,3 g Bal.
- Sie können die Rote Grütze auch auf Vorrat zubereiten: Einfach kochend heiß in vorbereitete Schraubgläser füllen und diese 5–10 Minuten kopfüber etwas auskühlen lassen. Ideal zum Mitnehmen für Büro und Picknick.

Himbeeren mit Joghurt und crunchy Haferflocken

FÜR 2 PORTIONEN

PRO PORTION: 245 KCAL / 9,9, G E / 6,4 G F / 33,0 G KH / 7,9 G BAL

ZUTATEN:

- 40 g zarte oder feine Bio-Haferflocken
- 1 EL Honig
- 200 g frische Himbeeren
- 300 ml Joghurt (3,5 % oder 10 % Fett)

1. Die Haferflocken in einer beschichteten Pfanne ohne Fett goldgelb rösten. Anschließend den Honig einrühren, bis er flüssig ist und die Haferflocken etwas zusammenkleben.
2. Die Himbeeren – wenn nötig – behutsam waschen und abtropfen lassen.
3. Himbeeren und Joghurt abwechselnd in 2 hohe Gläser schichten. Nach Belieben 1–2 Stunden im Kühlschrank durchziehen lassen.
4. Vor dem Servieren mit den Honig-Haferflocken bestreuen.

Info

Cranchan heißt dieser Nachtisch in seiner schottischen Heimat. Ursprünglich feierten die Schotten damit die Himbeerernte. Das Originalrezept wird mit Schlagsahne zubereitet und – natürlich – einem tüchtigen Schuss Whisky.

Haferflocken-Crumble mit Heidelbeeren

FÜR 4 PORTIONEN
PRO PORTION: 323 KCAL / 6,3 G E / 16,20 G F / 36,1 G KH / 6,2 G BAL

ZUTATEN:

- etwas Butter für die Formen
- 1 kleiner Apfel
- 1 EL Zitronensaft
- 40 g ungeschälte Mandeln
- 200 g Heidelbeeren
- 40 g Butter
- 60 g kernige Bio-Haferflocken
- 1 Vanilleschote
- 50 g Hafermehl
- 50 g Rohrzucker

1. Backofen auf 180 °C Ober-/Unterhitze (Umluft 160 °C) vorheizen. 4 Gratin-Förmchen mit Butter dünn einfetten.
2. Den Apfel schälen, vierteln und das Kerngehäuse entfernen. Das Fruchtfleisch klein würfeln, mit Zitronensaft beträufeln und in den Gratin-Förmchen verteilen.
3. Die Mandeln grob hacken. Die Heidelbeeren waschen, verlesen und gut abtropfen lassen. Einige Heidelbeeren zur Dekoration beiseite stellen und die restlichen mit den Apfelwürfeln vermischen.
4. Butter in einer beschichteten Pfanne schmelzen und die Haferflocken darin unter Rühren rösten. In eine Schüssel umfüllen.
5. Die Vanilleschote längs aufschlitzen, das Mark herauskratzen und zusammen mit Hafermehl und Zucker unter die Haferflocken rühren.
6. Die Haferflockenstreusel auf dem Obst anhäufen und behutsam etwas festdrücken. 25–30 Minuten im vorgeheizten Backofen auf der mittleren Schiene goldgelb backen. Heiß, lauwarm oder kalt in den Formen servieren.

Info

Alle Beeren gehören trotz ihres Zuckergehalts zu den Top Ten einer gesunden und schlanken Ernährung. Sie enthalten Ellagsäure (Gerbstoffe), die Schadstoffe aus der Umwelt und aus der Lebensmittelverarbeitung neutralisiert. Zudem sind sie sehr mineralstoffreich und punkten mit jeder Menge Pflanzenfarbstoffen. Die Anthocyane, die in blauen und roten Früchten enthalten sind, schützen Gelenke, Augen, Haut und Nieren.

Hafer-Bananen-Cookies

FÜR 16 STÜCK
PRO STÜCK: 75 KCAL / 2,4 G E / 3,4 G F / 8,4 G KH / 0,9 G BAL

ZUTATEN:

30 g Walnüsse
2 reife Bananen (ca. 200 g geschält)
150 g kernige Bio-Haferflocken
2 EL Tahin (Sesammus, Sesamcreme)

1. Den Backofen auf 180 °C Ober-/Unterhitze (Umluft 160 °C) vorheizen. Die Walnüsse grob hacken. Bananen schälen und auf einem flachen Teller mit der Gabel zu Brei zerdrücken.
2. Bananen, Haferflocken und Tahin in einer Schüssel mit dem Handrührgerät gut vermischen. Dann die Walnüsse unterheben.
3. Ein Backblech mit Backpapier auslegen, mit 1 EL 16 Häufchen auf das Blech setzen und diese etwas flach drücken.
4. 20 Minuten auf der mittleren Schiene backen, bis die Kekse goldgelb sind. Auf dem Blech vollständig auskühlen lassen und in einer gut verschließbaren Dose aufbewahren.

Tipps

- Für Schokoladenfans: Schneiden Sie 25 g Zartbitterschokolade in kleine Würfel und verteilen diese vor dem Backen auf die Kekse. Das ergibt dann pro Stück 90 kcal / 2,8 g E / 4,4 g F / 9,3 g KH / 1 g Bal.
- Wenn Tahin (Sesampaste) nicht so ganz Ihr Fall ist, können Sie jedes beliebige Nussmus, zum Beispiel Erdnuss-, Cashew-, Kokos- oder Mandelmus, verwenden.

Hafer-Schoko-Cookies

FÜR CA. 25 STÜCK
PRO STÜCK: 95 KCAL / 2 G E / 5,7 G F / 8,4 G KH / 0,8 G BAL

ZUTATEN:

- 50 g Bitterschokolade (mindestens 70 % Kakaoanteil)
- 50 g Paranüsse
- 75 g Kokosöl oder Butter
- 100 g zarte Bio-Haferflocken
- 80 g Hafermehl
- 2 Eier, Größe M
- 75 g Birkenzucker
- ½ TL gemahlener Zimt
- Salz

1. Schokolade und Paranüsse in kleine Stücke hacken und beiseite stellen.
2. Kokosöl in einem Topf schmelzen. Haferflocken und -mehl unterrühren. Dann Eier, Zucker, Zimt und 1 Prise Salz dazugeben und mit dem Handrührgerät zu einem glatten Teig rühren.
3. Die Schokolade- und Nussstücke unterheben und den Teig etwa 20 Minuten im Kühlschrank ruhen lassen.
4. Den Backofen auf 170 °C Ober-/Unterhitze (Umluft 150 °C) vorheizen. Ein Backblech mit Backpapier auslegen.
5. Den Teig zu einer Rolle formen und 25 Scheiben gleichmäßig abschneiden. Diese zu Kugeln formen, auf das Blech legen und flach drücken.
6. Im vorgeheizten Ofen etwa 12 Minuten goldgelb backen.

Tipp

Wenn Sie die Cookies aufbewahren wollen, geben Sie eine halbe Orangenscheibe oder einen Schnitz Apfel in die Dose. Die Cookies nehmen das Aroma an und werden nicht so schnell hart.

Bildnachweis

Shutterstock.com:
S. 2: Timolina, A_Lein, Liliya Kandrashevich; S. 3: Anna Shepulova; S. 4: marilyn barbone, Katrinshine, contrse; S. 5: Alphonsine Sabine, Irina Rostokina, Anna Shepulova; S. 6: Martin Turzak, Ildi Papp, NoirChocolate; S. 7: Alter-ego; S.8: Tatjana Baibakova; S. 10: PhotoSGH; S. 11: Viacheslav Rubel; S. 14: photodaria; S. 15: JIANG HONGYAN, Anastasia-Kopa; S. 16: Wiktory; S. 17: iprachenko; S. 18: SergeyCo; S. 19: lalala Wook; S. 22: marilyn barbone, Antonina Vlasova, Kamil Urban, DMZ001, Katrinshine, contrse; S. 24: Katrinshine; S. 27: Antonina Vlasova; S. 28: DMZ001; S. 31: Neta Livne; S. 32: barbone; S. 35: contrse; S. 36: Kamil Urban; S. 39: GoSlow; S. 40: Chatham172, GalinaSh, Nataliya Arzamasova, Liliya Kandrashevich, Alphonsine Sabine, Irina Rostokina; S. 42: Chatham172; S.45: Alphonsine Sabine; S. 46: Tatiana Volgutova; S. 49: Irina Rostokina; S. 50: Amallia Eka; S. 53: Liliya Kandrashevich; S. 54: : Timolina; S. 57: Nataliya Arzamasova; S. 58: iuliia_n; S. 61: natashamam; S. 62: Lyudmila Mikhailovskaya; S. 65: GalinaSh; S. 66: minadezhda, Gayvoronskaya_Yana, Anna Shepulova, vkuslandia, Kolpakova Svetlana, Stepanek Photography; S. 68: minadezhda; S. 71: Anna Shepulova; S. 72: Stepanek Photography; S. 75: nblx; S. 76: vkuslandia; S. 79: Kolpakova Svetlana; S. 80: teleginatania; S. 83: Natalia Evstigneeva; S. 84: Sergii Koval; S. 87: Sea Wave; S. 88: Sea Wave; S. 91: Ahanov Michael; S. 92: Sea Wave; S. 95: William Berry; S. 96: Gayvoronskaya_Yana; S. 98: Kiian Oksana, Martin Turzak, Afanasieva, Bartosz Luczak, gkrphoto, minadezhda; S. 101: Martin Turzak; S. 103: Azra H; S. 104: ManaswiPatil; S. 106: Iaroshenko Maryna; S. 108: Afanasieva; S. 111: Bartosz Luczak; S. 112: Mikhail Valeev; S. 115: gkrphoto; S. 116: minadezhda; S. 119: Sergii Koval; S. 120: Ildi Papp; S. 123: Brent Hofacker; S. 124: Liliya Kandrashevich; S. 127: Kiian Oksana; S. 128: Ildi Papp, A_Lein, NoirChocolate, Happy_food_photo, Sergii Koval; S. 130: Ildi Papp; S. 133: A_Lein; S. 134: Ildi Papp; S. 137: Happy_food_photo; S. 138: NoirChocolate; S. 141: Sergii Koval; S. 142: Bogdan Wankowicz

Bibliografische Information der Deutschen Nationalbibliothek
Die Deutsche Nationalbibliothek verzeichnet diese Publikation in der Deutschen Nationalbibliografie. Detaillierte bibliografische Daten sind im Internet über https://dnb.de abrufbar.

Für Fragen und Anregungen
info@m-vg.de

Wichtige Hinweise
Dieses Buch ist für Lernzwecke gedacht. Es stellt keinen Ersatz für eine individuelle medizinische Beratung und Ernährungsberatung und sollte auch nicht als solcher benutzt werden. Wenn Sie medizinischen Rat einholen wollen, konsultieren Sie bitte einen qualifizierten Arzt. Der Verlag und die Autorin haften für keine nachteiligen Auswirkungen, die in einem direkten oder indirekten Zusammenhang mit den Informationen stehen, die in diesem Buch enthalten sind.

Ausschließlich zum Zweck der besseren Lesbarkeit wurde auf eine genderspezifische Schreibweise sowie eine Mehrfachbezeichnung verzichtet. Alle personenbezogenen Bezeichnungen sind somit geschlechtsneutral zu verstehen.

Originalausgabe
2. Auflage 2024
© 2023 by riva Verlag, ein Imprint der Münchner Verlagsgruppe GmbH
Türkenstraße 89
80799 München
Tel.: 089 651285-0

Alle Rechte, insbesondere das Recht der Vervielfältigung und Verbreitung sowie der Übersetzung, vorbehalten. Kein Teil des Werkes darf in irgendeiner Form (durch Fotokopie, Mikrofilm oder ein anderes Verfahren) ohne schriftliche Genehmigung des Verlages reproduziert oder unter Verwendung elektronischer Systeme gespeichert, verarbeitet, vervielfältigt oder verbreitet werden. Wir behalten uns die Nutzung unserer Inhalte für Text und Data Mining im Sinne von § 44b UrhG ausdrücklich vor.

Redaktion: Stephanie Kaiser-Dauer
Umschlaggestaltung: Maria Verdorfer
Umschlagabbildungen: Vorderseite: Anna Shepulova/Shutterstock.com, Timolina/Shutterstock.com, A_Lein/Shutterstock.com, Liliya Kandrashevich/Shutterstock.com; Rückseite: Stepanek Photography/Shutterstock.com, Bogdan Wankowicz/Shutterstock.com, NoirChocolate/Shutterstock.com
Layout und Satz: Müjde Puzziferri, MP Medien, München
Druck: Florjancic Tisk d.o.o., Slowenien
Printed in the EU

Wir produzieren nachhaltig
www.m-vg.de

ISBN Print 978-3-7423-2285-2
ISBN E-Book (PDF) 978-3-7453-2078-7
ISBN E-Book (EPUB, Mobi) 978-3-7453-2079-4

Weitere Informationen zum Verlag finden Sie unter
www.rivaverlag.de
Beachten Sie auch unsere weiteren Verlage unter www.m-vg.de